基礎から応用まで
まるわかり

行動経済学入門

真壁昭夫

ダイヤモンド社

はじめに

行動経済学が注目されるようになってから、ずいぶんと経つ。一般の読者向けの書籍も数多く出版され、ベストセラーも出ている。

だが、それらの書籍を読んでいて、常に感じる疑問がある。それは、行動経済学で取り上げるべき要素を網羅できていないのではないか、というものである。つまり、読み物風に面白おかしく不合理な人間心理と経済の関係について述べるものはあっても、「プロスペクト理論」や「ヒューリスティック」をはじめとした要素が体系だって紹介されている、本当の意味での「入門書」はまだないのではないか。

そこで本書を執筆するにあたって、2つの目的を掲げた。一つは、行動経済学や神経経済学などの新しい理論の誕生に至るまでの潮流、そして現在どのような位置にあるのかを平易に説明することである（1章）。一読すれば、伝統的経済学から、行動経済学や神経経済学等への流れや概要などを知ることができるはずだ。もう一つは、行動経済学、行動ファイナンス理論の個々の要素について、日常生活の役に立つような基礎的な内容から、実際の実務の場面での応用まで、整理してわかりやすく伝えることだ（2～4章）。もちろん、主要項目は網羅しているし、巻末には、用語で引ける索引も付してある。

そもそも、このような本を書きたいと思ったのは、今回が初めてではない。思い出せないほど昔からの念願が、今回、ようやくかなった。

今から約35年前。まだ学部の学生だった頃、経済学やファイナンス理論に興味を持ったことをきっかけに、金融機関に就職した。それから30年以上、毎日、実際の経済や金融の実務と接しており、その間、金融工学などのファイナンス理論を自分なりに勉強した。経済学や金融工学を勉強し始めた当初は、とても新鮮に感じ、楽しかった。

しかし、それらの勉強を進めると、必ずある一つの壁にぶつかってしまった。それは、経済学や金融工学が、人間の合理性や、市場参加者の完全知識など、実際の世界には存在しないような前提を設定して、その前提の上に理論やモデルを作っていることに対する一種の違和感だ。たしかに、人間社会は複雑で、多岐にわたる要素をすべて考えていたら、経済の理論や金融資産に関するモデルを組み立てることは難しくなる。というよりもほとんど不可能になってしまうだろう。もちろんそれはよくわかるのだが、そうした手法で、実際の社会に役に立つような理論ができるのだろうかと感じていた。

特に、金融市場の動きを見ていると、いつも金融工学が想定しているような動きを示すとは限らない。むしろ、毎日のように、伝統的なファイナンス理論では説明できないような動きをする。市場参加者がみな合理的な行動をするのであれば、バブルのような事態は発生しないはずだ。それにもかかわらずバブルは発生し、多くの人々がその後始末に苦しめられる。

そんな思いが深まりつつあったまさにその頃、経済学やファイナンスの分野に、人間の合理性を前提にしない新しい動きが現れてきた。その動きの中でも、近年注目を集めている潮流の一つが、人間の心理状態を分析することによって、それぞれの経済主体がどのような意思決定を行うかを考えようとする「行動経済学」である。そして、行動経済学の一分野として、心理学をツールに使って金融資産の価格の変化を分析する「行動ファイナンス理論」である。

この行動経済学、あるいは行動ファイナンスに出会ったときの、身震いするような感情の高まりは今も忘れられない。人間はいつも合理的に行動するとは限らない。だからこそ、時にバブルが発生し、その崩壊により経済が低迷する。それは、まさに人間が人間たる証明なのかもしれない。行動ファイナンス理論に出会ったことで、大きく目が開かれたのだ。

それから時が過ぎ、社会の行動経済学に対する関心は高まり、この分野の研究者も増えつつある。それに伴って、この分野を扱う書物も増えた。一方、行動経済学が新しい分野であるがゆえに、まだ新しい応用範囲はかなり広く残っているように思う。行動経済学の先進国である米国では、すでに多くの大学のカリキュラムの中に取り入れられている。また、そうした方法論は実務者の中にもかなり浸透している。一方、残念ながら、わが国の状況はそこまで進んでいない。日本における「行動経済学会」は、今から3年ほど前の２００７年、ようやく産声をあげたばかりだ。

本書が、最初に述べた二つの目的を達成できることを願い、行動経済学や行動ファイナンス理論の有用性への認識が高まることを祈っている。その願いの一部でもかなえられるのであれば、それに勝る幸福はない。

最後に、本書の原稿整理などに尽力していただいた、ニッセイアセットの竹内尚彦さんに感謝の言葉を送りたい。また、本書の編集に、多くの時間を割き、献身的な努力を行っていただいた、ダイヤモンド社書籍編集局の廣畑達也氏に心よりお礼を申し述べたい。恐らく彼らの協力がなければ、本書を上梓することはできなかっただろう。

基礎から応用までまるわかり　行動経済学入門――目次

2 行動経済学で「何が」できるのか？

第2章 なぜ合理的に決められないのか？
――損失を恐れてダマされる心

第3章 直感はどこまで当てになるのか？

──何度も同じワナにハマる心

4章 行動経済学はどこまで応用できるのか?
――市場分析から政策提言まで

第 1 章

「心」と出会った経済学

――行動経済学は何を変えたのか？

1

経済学は、「どこで」現実に気がついたのか?

1 「行動経済学」誕生前夜

最初に、経済学の歴史を振り返っておこう。経済学はその誕生以来、「ミクロ理論」、「マクロ理論」を中心に発展してきたが、近年「ゲーム理論」をはじめとした、さまざまな分野を生み出している。

経済学の潮流①ミクロ理論＝価格理論

経済学の起源は、１７７６年にアダム・スミスが書いた『国富論（諸国民の富の性質と原因の研究）』に始まるとされている。その後さまざまな方向へと進んだが、経済学の基本的な目的は、社会の中に存在する有限な資源をいかにして有効に配分し、その資源を使って最大限の経済的な価値を創造し、さらに生み出された価値が社会の構成員の間でいかに配分されるかを研究することだということができるだろう。

こうした研究の背景には、有効な資源配分（＝経済的価値の極大化）と公正な価値分配を研究することによって、人々を幸福にすることができるという考え方があった。つまり経済学と

図表 1-1 経済学の系譜

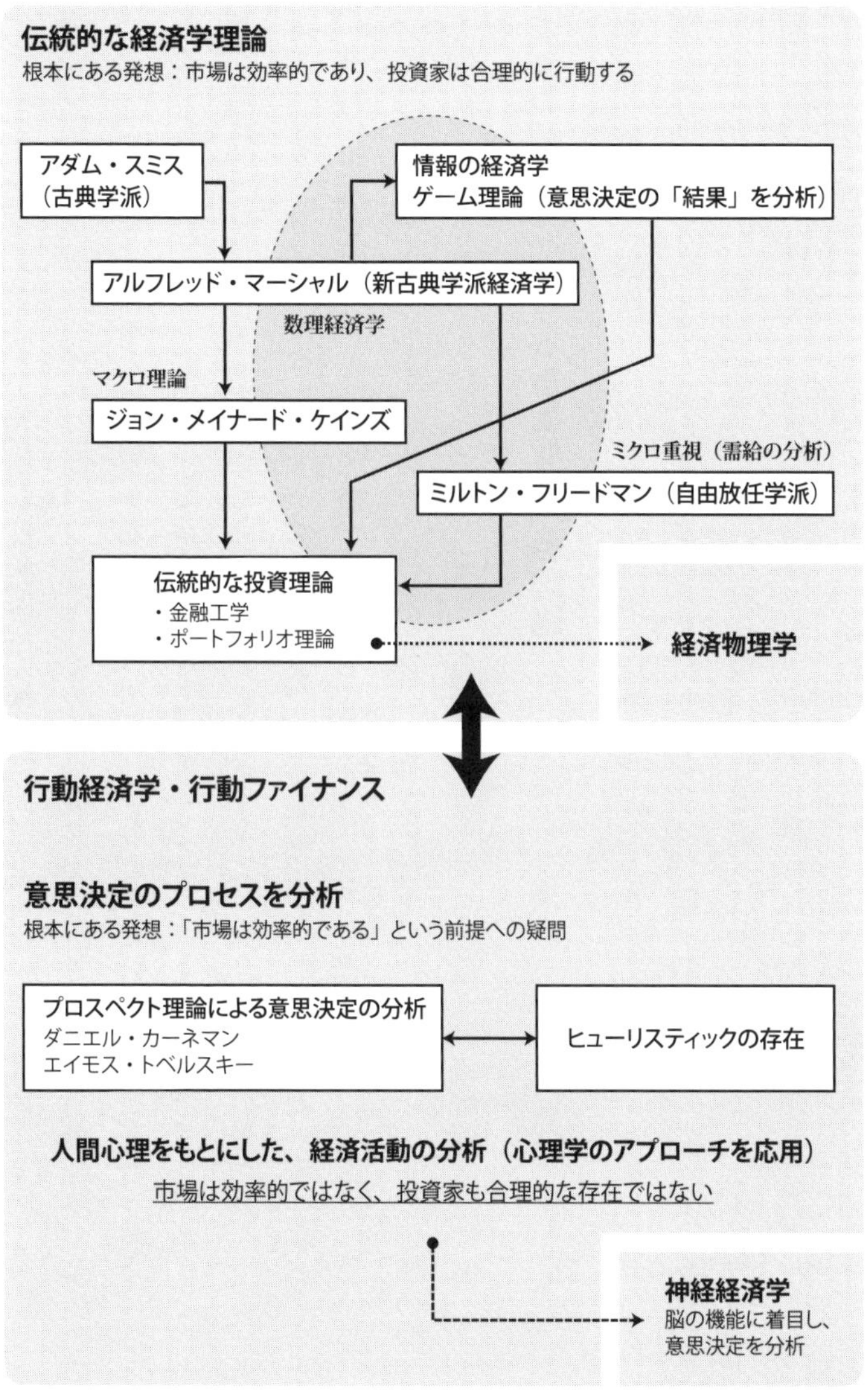
伝統的な経済学理論
根本にある発想：市場は効率的であり、投資家は合理的に行動する
アダム・スミス（古典学派）
情報の経済学
ゲーム理論（意思決定の「結果」を分析）
アルフレッド・マーシャル（新古典学派経済学）
数理経済学
マクロ理論
ジョン・メイナード・ケインズ
ミクロ重視（需給の分析）
ミルトン・フリードマン（自由放任学派）
伝統的な投資理論
・金融工学
・ポートフォリオ理論
経済物理学
行動経済学・行動ファイナンス
意思決定のプロセスを分析
根本にある発想：「市場は効率的である」という前提への疑問
プロスペクト理論による意思決定の分析
ダニエル・カーネマン
エイモス・トベルスキー
ヒューリスティックの存在
人間心理をもとにした、経済活動の分析（心理学のアプローチを応用）
市場は効率的ではなく、投資家も合理的な存在ではない
神経経済学
脳の機能に着目し、
意思決定を分析

は、人々を幸福にすることを目指して発展してきた学問でもあるのだ。

最初の頃、資源配分や価値分配のプロセスでの価格機能が重視され、経済の理論が発展していった。ここでいう価格とは、買いたいという人と、売りたいという人が折り合う値段のことである。たとえば、あるものの値段が上昇すると、買いたいという人の数が減り、売りたい人の数が増える。逆に、値段が下がると買いたい人の数が増え、売りたい人の数が減少する。そうした「値段＝価格の変動」によって、「買いたい人＝需要者」と、「売りたい人＝供給者」との折り合いがついて、最終的に価格が均衡点を見出すのだ。そうして均衡した価格によって、それぞれの資源や財の売買が行われ、社会全体の有効な資源配分や、でき上がった価値の分配が有効に行われると考えたのである。そうした理論を「ミクロ理論＝価格理論」と呼ぶ。

経済学の潮流②ケインズ革命＝マクロ理論

価格理論として発展していった経済理論の限界を指摘したのが、J・M・ケインズだった。景気が周期的に大きく落ち込むことに注目したケインズは、経済活動を行っている最小単位である個人や企業の行動を見ると、それぞれの経済主体が最も有効と考えて（つまり合理的に）行動することが、社会全体の経済活動を停滞させることがあると考えた（合成の誤謬という）。各経済主体の行動を一つずつ見ていても、経済状況の改善には結びつかないと結論づけたのだ。

そこで、ケインズは、経済主体を四つのセクターとしてまとめることによって、経済全体の円滑な運営を図ることを提唱した。四つのセクターとは、個人の集合体である家計部門、企業を集合した企業部門、政府などの公的部門、そして海外部門だ。これらの経済主体の活動全体を見ることによって、経済全体を、

社会全体の付加価値の合計額（GDP）

＝C（消費）＋I（投資）＋G（政府）＋E（輸出）－M（輸入）

の式で表し、需要が不足する場合には、G、すなわち政府が民間に代わって需要を注入すべきだと主張した。これが「ケインズ経済学」である。このケインズが提唱したマクロ理論は、それまでの個々の経済主体の行動を研究する方法論を一変させたこともあり、「ケインズ革命」とも呼ばれる。このケインズの考え方は、1929年に米国を襲った大恐慌に対して、時の大統領F・ルーズベルトが行ったニューディール政策の理論的な根拠になったと言われている。

経済学の潮流③ 数理系の経済理論

経済学は、その誕生以来、さまざまな方向へ発展してきた。中には、資本家と労働者間の階級闘争に注目するマルクス経済学などの思想も生み出した。ここでは、数学や物理などの自然科学系の方法論を使った経済学の発展を紹介しよう。

その一つが、数学のツールを使って経済の先行きを予測したり、社会が抱える問題を解決しようという「計量経済学（エコノメトリクス）」と呼ばれる分野だ。また、それぞれの経済主体の活動について、相互のリアクションなどを考えることで均衡点を検証する「ゲーム理論」と呼ばれる分野の発展も注目に値する。近年、この分野の研究を目指す若手研究者は多い。

また、統計学や確率論等の方法論を使う学問分野も注目されてきた。特にそうした方法論は、経済学の一分野であるファイナンス理論の中に取り入れられて、注目すべき成果をあげている。その代表例こそ、「金融工学」と呼ばれる分野だ。有名な研究成果に、オプション※の価格（プレミアム）を確率論のツールで解析した「ブラック・ショールズ・モデル」がある。このモデルは、もともと物理学で使われる「確率微分方程式」を使って将来の金融資産の価格を推計し、適切なプレミアムを算定する方法論を考案した。実務でも使われるようになったこのモデルは、1997年にノーベル経済学賞の受賞対象論文となった。

※オプションの価格（プレミアム）
特定の金融商品を将来の一定期間、あるいは一定時期に売る（プット）、あるいは買う（コール）権利をオプションと言い、この価格をプレミアムという。

2 「現実」に直面した経済学

「人間は合理的に意思決定を行う」という前提に立つ経済学は、時として非合理的な行動をとる現実の人間をうまく説明できない、という壁にぶつかった。

これまで200年余りをかけて発展してきた経済学だが、最近、壁にぶつかっているように見える。その背景として、これまでの経済学者が自分たちに都合のよい前提に基づいて理論の構築を行なってきたことがある。伝統的な経済学では、基本的には「需要者も供給者も無数に存在しており、誰もが、自分だけでは市場の動向に影響を与えることができないこと」を想定している。また、基本的には「それぞれの経済主体がすべてのことを知っている（＝完全知識を持っている）こと」を前提にしている。さらに、「それぞれの経済主体は常に合理的な意思決定を行い、決して非合理的な行動をとることはない」とさえしている。

しかし、これらの前提は必ずしも現実的とはいえない。実際の人間は、常に合理的とは限らず、時には非合理的なことをすることもあるからだ。ということは、伝統的な経済理論では、実際には存在しない前提に基づいて想定したモデルの中で、経済がどのように動くかを検証しているとも考えられる。つまり、これまでの経済学は、擬似経済（モデル）の中で、有限な資源が効率的に配分され、富の形成（付加価値の創造）が行われるプロセスを解明しようとしてきたのだ。

ところが実際のところ、このような条件が成立するケースは稀だろう。人間は考えられないような馬鹿げた行動をすることもある。あるいは、需要者と供給者の数はほんの一握りで、大口の供給者が動くと、簡単に市場全体の動向に影響を与えることができるかもしれない。需要者がわずか数人であるケースもあるだろう。その場合には、一人の大口需要者の行動が、市場の動きを規定することも考えられる。

また、市場を構成する人々は、常に完全な知識を持っているとは限らない。目が届かないところや、知らないことはいくらでもあるだろう。そして最も重要なポイントは、人は常に合理的とは限らないことだ。私たちの生活を振り返って見ても、一目瞭然だろう。人間は、理屈に合わないことを数多く行ってしまう存在なのである。

最近、経済学者もそうした反省に立って、実社会の条件に近い理論の構築に向かい始めた。その一つに、人間の心理を取り入れた行動ファイナンス、そして行動経済学理論があるのだ。

3 行動ファイナンスと行動経済学はどう違うのか？

投資行動に関する意思決定を明らかにするなど、ファイナンス分野で確立したのが「行動ファイナンス」であり、社会心理学の成果を包摂したマクロな視点を含め、また、人間心理を踏まえて考察するのが「行動経済学」である。

カーネマンとトベルスキーが提唱した「プロスペクト理論」

行動経済学の出発点となったのは、1979年に発表されたカーネマンとトベルスキーの論文であった。この論文は、不確実な状況下で、生身の人間がどのように意思決定を行っているかの解明に力点が置かれていた。その意味では、行動経済学理論の芽は、意思決定理論から生まれたといってもよいだろう。その意思決定理論が、次第に金融資産に対する投資の意思決定理論として位置づけられ、それが「行動ファイナンス理論」として結実した。

さらに、行動ファイナンス理論は、社会心理学の知見をも取り入れて発展し、「行動経済学」として昇華していったと考えるとわかりやすい。

行動ファイナンスの基礎となった「プロスペクト理論」は、投資家の意思決定の行動を見直す点から出発した。その意味では、プロスペクト理論は行動ファイナンスの中核をなす理論であり、これが行動経済学の出発点にもなった。そして、行動ファイナンスは伝統的な経済理論では十分に説明しきれなかった、金融市場でのさまざまな出来事の解析を試みてきた。その典型例が、バブルの発生である。

その一方で、プロスペクト理論から出発した行動系の理論は、まずファイナンスの分野でその地位を確実にした後、社会心理学などのアプローチ手法を取り入れることにより、比較的狭量な分野であるファイナンス理論から、より広い、社会全体の経済メカニズムを解明しようという行動経済学に発展するのである。

行動ファイナンスと行動経済学の関係

行動経済学では人々の心理にアプローチするため、政策の立案とその効果を分析する際に効果を発揮することも期待できる。

たとえば、デフレ環境下では消費者心理は賃金水準の落ち込みとともに低下してしまう。こ

図表 1-2 行動経済学と行動ファイナンスの関係

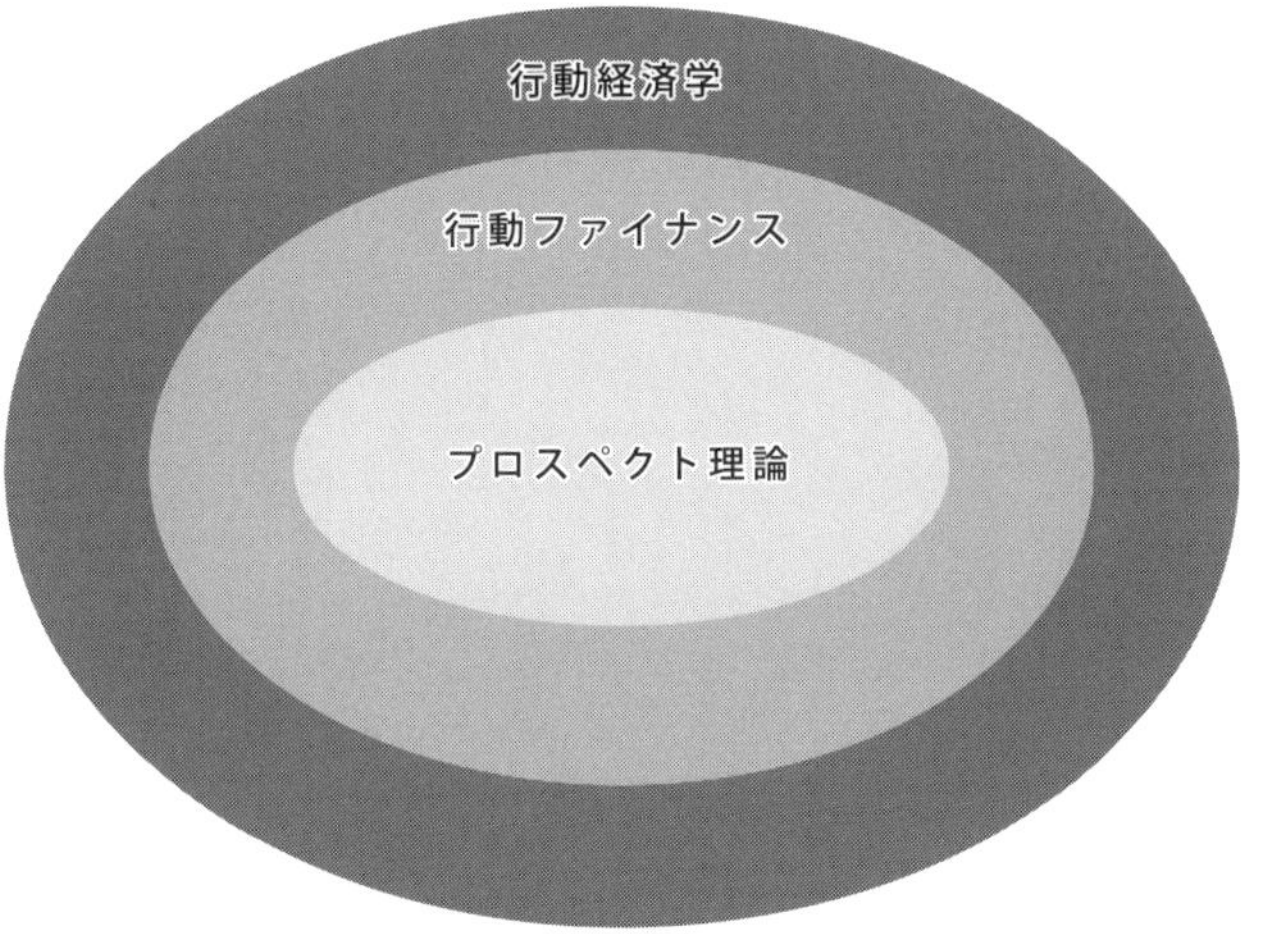

うなると、内需喚起策をそのまま継続することで、物価下落に長期間さらされてきた消費者の心理を大きく改善させることができるかどうかはわからない。だが、行動経済学という人間の心理に着目した理論を用いることによって、どのような政策を立てれば冷え切った消費者心理を改善させることができるのか、といったことをより綿密に考察することが可能になっていくだろう。

行動ファイナンスと行動経済学の関係を示すと、上の図表1-2のように解釈することができる。

この図からもわかるように、行動ファイナンスは行動経済学の部分集合である。もともと、金融資産の価格変動や投資手法を扱うファイナンス理論は、経済学の一部分（部分集合）と考えられる。ということは、行動経済学は、行動ファイナンス理論を包み込む大きな集合体ということになる。その行動経済学に包摂される行動ファイナンス理論の出発点であり中核をなす考え方が、「プロスペクト理論」なのだ。

4 行動経済学から見たバブル

バブルの発生と崩壊など、投資の現場で観察される事象は、人間心理を反映したものが多い。だが、これらの観察結果は、時として伝統的な経済学の立場と矛盾することがある。

ここ数年の間、私たちを取り巻く社会の情勢は大きく変化した。最も大きな点は、世界的な不動産バブルが崩壊し、借金によって投資資金を増やし、それを元手にして高収益を上げてきた米国の金融セクターが破綻したことだろう。米国に端を発した不動産バブルは、米国だけに止まらず、一時、世界的なバブルへと拡大した。旧共産主義国家であったチェコやハンガリーなどの中東欧諸国、ドバイなどの中東諸国、アイスランド、そしてＰＩＩＧＳ（ポルトガル、イタリア、アイルランド、ギリシア、スペイン）といった西欧周辺国などでも、短期間に不動産価格が高騰するバブルが発生した（詳しくは２７８ページ）。

ところが不動産価格は、未来永劫、上昇するものではない。必ず、どこかでピークを打って価格は下落する。その瞬間が、バブルの崩壊だ。

バブル発生と景気上昇のメカニズムは、それほど難しくはない。資産価格が上昇すると、経済活動は通常、円滑に回り始める。保有している不動産や金融資産といった資産の価値が上昇することによって、家計、あるいは企業の信用力が上昇する。この信用力の上昇によって、私たちはそれまでは困難であった借り入れを行うことができるようになる。そうなると、一般的に新たな事業や、これまで以上の消費を行うことによって幸福感を手にすることができる。このとき、「消費者心理は強い」、あるいは「企業の資金需要は旺盛であり、設備投資への意欲も高い」といったポジティブな表現が紙面を飾ることになる。

こうしたポジティブな表現は、伝統的な経済理論が考えてきた効率性や合理性を表現するものではなく、まさに私たちの心理の状態が高揚しているか、あるいは沈んでいるかを表すものに他ならない。こう考えると、もともとは私たちの幸福を考えていたはずの伝統的な経済理論が、いつのまにか「GDPの伸び率＝経済発展」という表面的なパラメーターに頼る判断を行うようになってしまったのかもしれない。

5 分析対象外のアノマリーの影響力

伝統的経済学では、「アノマリー」として扱われなかった人間の非合理性・市場の非効率性を、心理学というツールで解明しようとするのが「行動経済学」や「行動ファイナンス」である。

人間の本質——目先の利益に踊らされる

リーマン・ショック以降の金融危機を受けて、世界の経済は困難な局面に直面している。この背景には、それまでの借金に依存した米国家計部門の過剰な消費行動が終焉を迎えたことによって起こった世界的な需要不足（＝供給過剰）がある。それに伴い、株式や為替などの市場は大きく混乱した。

その混乱の原因の一つとして指摘されているのが、伝統的な経済理論を出発点とする金融工学の理論的限界、すなわち「人間は合理的、かつ市場は効率的である」ことを前提とした理論（効率的市場仮説）の限界である。金融工学のベースには、人間を画一的に把握することによって、「金融資産の価格はこうなるはずだ」、あるいは、「市場はこうなるべきである」という考え方がある。ところが実際に人間、あるいは人間が構成する市場は、統計学や確率論が想定するほど合理的に、しかも画一的には動かないことが多いのだ。

ここで、人間の本質について考えてみよう。短期間で見ると、私たちはずいぶん馬鹿なことをすることがある。たとえば、徹夜でマージャンに興じていることなどはその例と言えるだろう。気心の知れた仲間とマージャンに興じているときは楽しい。楽しさのあまり、夜を徹することもあるだろう。しかし、終わったとき、「健康に悪いのに、なんて馬鹿なことをしたんだろう」と反省や後悔をすることは容易に想像がつく。

では、このような不合理な人間心理を踏まえると、ファイナンス理論は役に立たないと言い切れるのだろうか。実は、そう簡単なことではない。見方を変えてみよう。人間は、たしかに短期的に見ると馬鹿なことをしやすい。だがそんな人間でも、少し長い目で見れば、計画を立てるなど、それなりに合理的な行動をするものだ。

ファイナンス理論に当てはめると、短期的には、人間心理を重視する行動系の理論の解析力は優位にあるだろう。一方、理性や合理性が働きやすい長めの期間で均衡点を見つけるためには、従来の伝統的なアプローチが実力を発揮する。

実際に起こったバブルの検証

過去の株式市場の動向から、このことを読み取ってみよう。（図表1‐3）

まず1980年代後半の日本のバブルについて見ていこう。日経平均株価は、85年後半の13000円台から89年末の約39000円まで、4年程の間に著しく上昇した。同じく米国の株式市場でもグリーンスパン元FRB議長が、「根拠なき熱狂」と称したITバブルが発生した。1995年ごろからITバブルの崩壊の2000年までの間に、NYダウは約4000ドルから約11700ドルまで3倍近く上昇した。

平均株価は、基本的には経済成長（GDPの成長率）とパラレルになる。GDPは私たちがもらう給料と企業収益の合計額だから、その分配率が変わらないとすれば、「企業業績の伸び＝GDPの成長率」ということができる。ということは、株式市場全体の動きは、基本的にGDP成長率と相似の関係にあるはずだ。

だが、日本、米国ともバブル期にGDPが2倍や3倍のスピードで上昇したわけではない。日米ともに、経済成長のスピードをはるかに超えた（ファンダメンタルズから乖離した）[※]相場上昇を経験したわけである。まさに、上昇局面では「上がるから買う、買うから上がる」というサイクルに人々が酔ったのである。しかし、バブルがいつまでも続くことはない。どこかで

図表 1-3 日米の株価動向

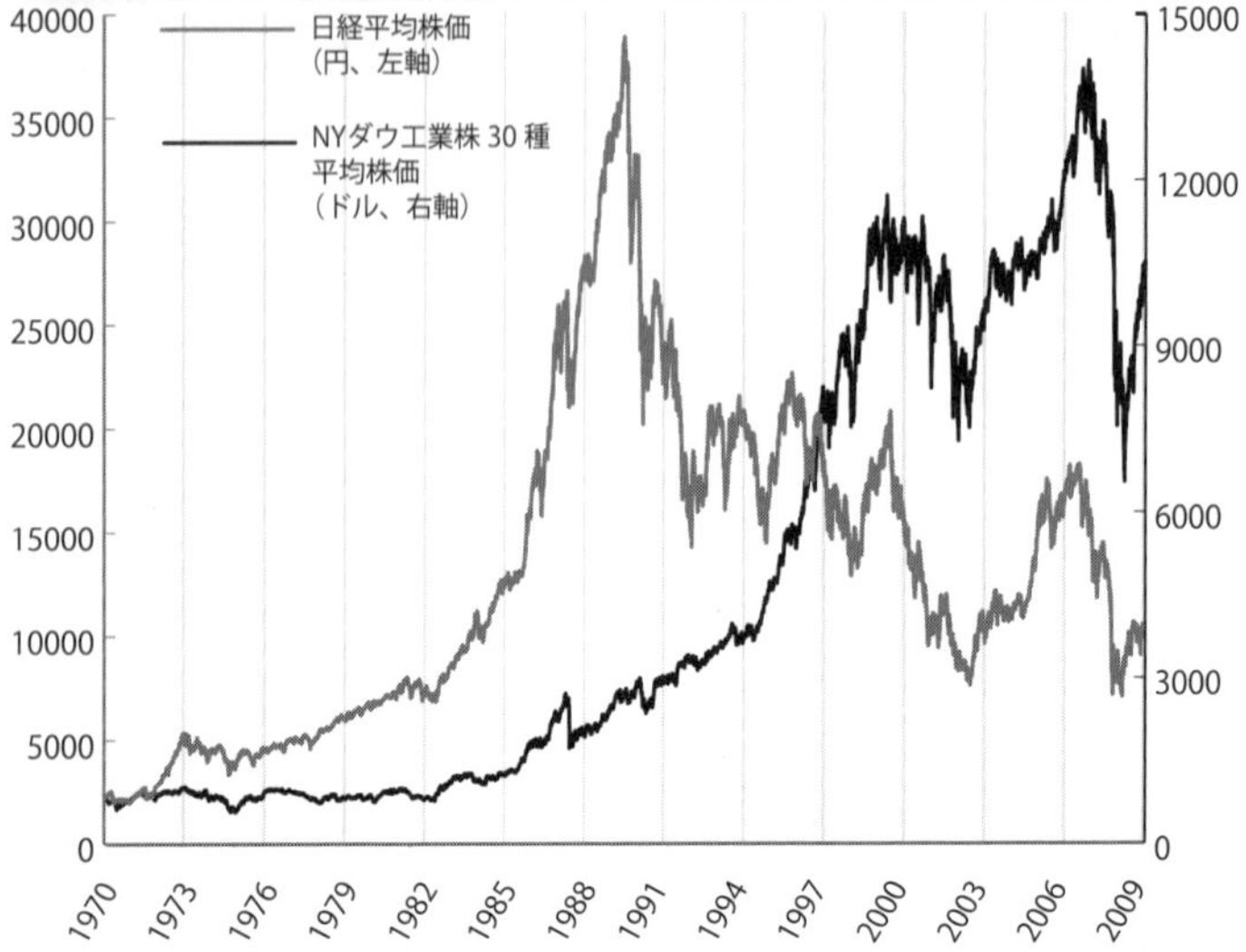

ピークアウトし、下落局面に入ることになる。そうなれば、「売るから下がる。下がるから売る」という逆のサイクルができ上がる。

　このグラフを見るだけでも、「時に人間は馬鹿なことをする」ということがわかるだろう。だが、それを嘆いてみても仕方がない。これが現実なのである。たとえば、サブプライム問題で顕在化した米国での過剰な消費行動は、理論的には正当化しづらいとしても、実際には発生し得る。かつて、多くの米国の家計※は多額の借金を行い、住宅を購入していた。そして住宅価格が上昇すると、評価益※相当分の追加的な借り入れを行うことによって、さらに消費を増やしていたのである。伝統的な経済理論では、家計は貯蓄と投資のバランスを最適化させるとともに、ライフサイクルに沿った資産形成を行うと考えられてきた。一例を挙げると、若年層は将来の高齢期に向けて貯蓄に励むということが想定されてきた。しかし、わずか数年ほど前まで米国で発生していたことは、こうした考え方に明らかに反するものだった。そして、バブルは発生したのだ。

伝統的な経済理論、そして金融工学ではバブルのように理屈に合わないことを「例外的事象（アノマリー）」と呼んで分析の対象とすらしてこなかった。しかし、アノマリーとして扱われ、分析されてこなかったバブル、及びそのバブルの崩壊が、いかに大きな影響を私たちの生活に与えるかは、今回の金融危機で示された通りだ。

こうした市場の非合理的な側面を解明しようとするのが「行動ファイナンス」の考え方だ。

※ファンダメンタルズ
経済の基礎的条件といわれる。たとえば、マクロ経済でいえば失業率やインフレ率などがそれにあたる。

※家計
経済部門の一つであり、家庭を単位として経済活動を営むと定義される。具体的には、家計は所得に基づいて消費を行う。

※評価益
たとえば株式を１００万円で購入した場合、一年後の株価が１１０万円であるとする。このとき、評価益は10万円である。つまり、投資した時点の株価からどれだけ上昇しているかが評価益である。株式を売却することにより評価益は実現損益になる。

6 伝統的経済学とその限界①
——すべて「経済学の教科書」通りの世の中か？

伝統的な経済学理論が想定していないことが、日常生活のレベルでは実際に発生している。行動経済学の考え方は、「経済学の教科書」と実際に起こっている事象との懸け橋になるものである。

ここではまず、今日普及している経済学やファイナンス理論の基礎になる経済学の理論——ここでは「伝統的経済学理論」と表現する——を振り返っておこう。

私たちが学生の頃に習った経済学の授業では、市場には無数の供給者と需要者が存在し、それぞれがみな、「完全情報※」を持っているとされていた。しかも、それぞれが合理的に経済行動を行っているため、その市場価格は常に特定の点で均衡するとも教えられた。これは、今日でも議論の土台として扱われている経済学理論の基礎的な考え方である。この理論に従えば、一つのモノの値段は、どんなときも必ず一つに収斂《しゅうれん》するはずである。伝統的な経済学では、これを「一物一価の法則」と定義している。

図表 1-4 一物一価の法則

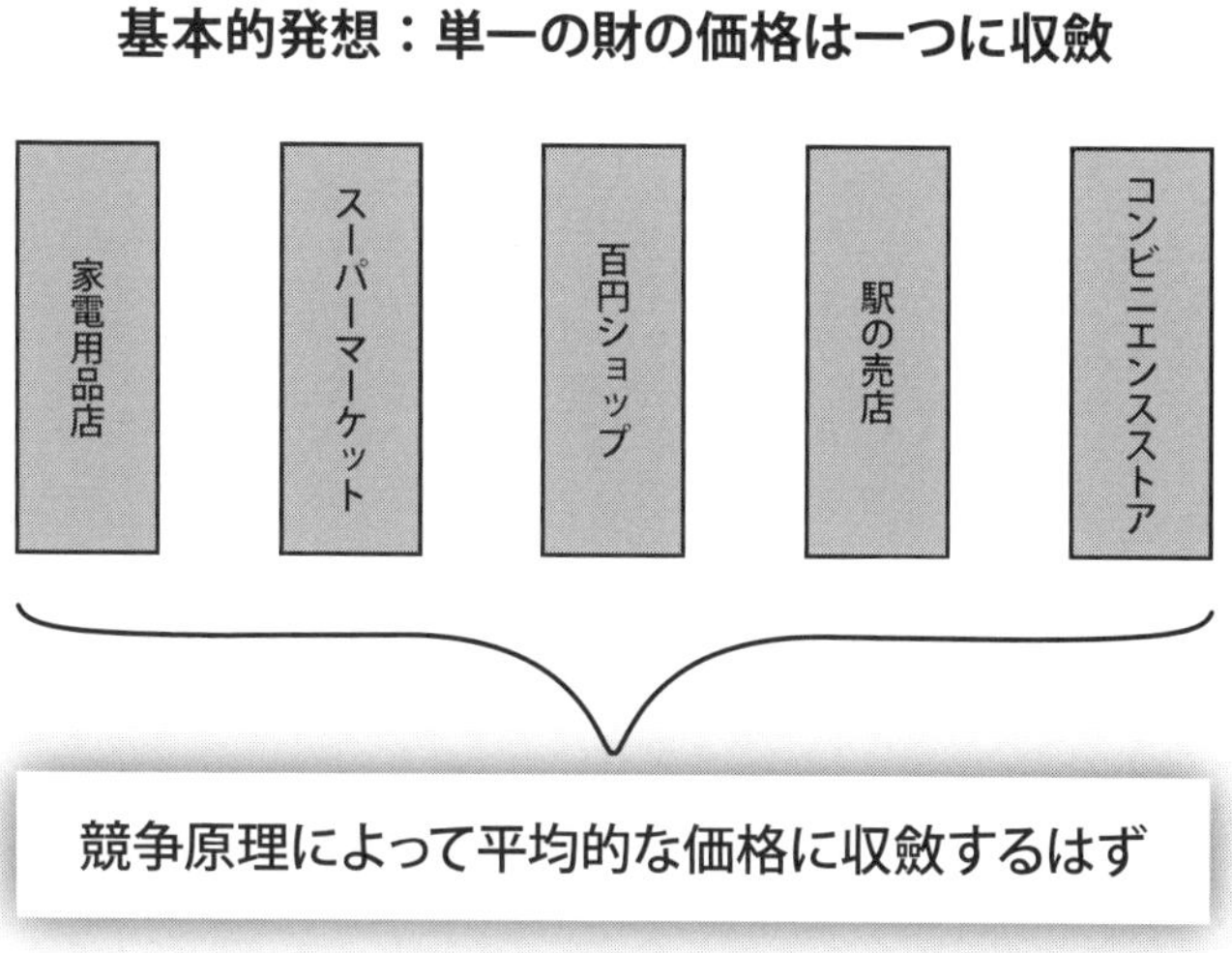

しかし、現実世界に目を転じてみると、この法則が成立しているケースはほとんどないのではないだろうか。たとえば駅前商店街の家電用品店で乾電池を買うと1個100円だが、そこから30メートルも離れていないスーパーでは、同じ乾電池を2個150円で売っているとしよう（図表1-4）。先ほどの「一物一価の法則」に従えば、これは本来的にはありえない事象となる。なぜなら、乾電池を1個75円で買えるという情報を持っていれば、誰もがみな、スーパーで買うはずだからだ。そして、駅前の家電用品店で乾電池を買う人はいなくなり、乾電池の値段は1個75円に低下して、そこで均衡するはずだ。ところが実際には、乾電池を100円で買う人は存在する。そのため、一物一価の法則は崩れてしまっ

ているのだ。こうした現象は世の中に数多くあるだろう。

なぜ、こうした現象が起きるのだろう。実はこれも、人間の合理性にある限界に起因している。乾電池の例でいうと、30メートル先のスーパーで安く買えるのを知っていたとしても、ただ「なんとなく歩きたくない」という理由で家電用品店が選ばれてしまうことはあるかもしれない。あるいは、スーパーで乾電池を売っていることを知らない人が存在するかもしれない。

これらは伝統的な経済学やファイナンスの理論では、想定されていない事象といえる。

伝統的な経済理論だけに頼っていると、現在、私たちが実際に生活している社会で発生している経済活動を適切に分析することは、とても難しいことになる。経済学の側も、そうした点を反省し、分析ツールである理論をできるだけ現実に近づける試みを行ってきた。そうした試みの一つが、「心理学」をツールとした「行動ファイナンス」、そして「行動経済学」の理論であると考えればいいだろう。

※完全情報
すべての市場参加者が、市場に存在するすべての情報を知っている状態のことを指す。完全情報が成立している場合、市場は効率的であるといえる。

7 伝統的経済学とその限界②

――「伝統的経済学理論」VS「行動ファイナンス理論」

伝統的経済学理論と行動経済学理論は決して相反するものではない。ここではそれぞれの特徴を理解し、それを活かした使い方を紹介する。

「伝統的経済学理論」と、「行動ファイナンス理論」の違いを簡単にまとめたのが次の対照表（図表1－5）である。この表を見ると、「行動ファイナンス」の意図するところが、より明確に理解できるだろう。

この表を見てわかるように、「伝統的経済学理論」は、厳格に、合理的な人間（合理的経済人＝ホモ・エコノミカスという）を前提にしている。そうすることで、物事を分析するときに普遍性を確保しようとしているのだ。ある特定の意思決定者の心理状況など、その時々のさまざまな条件を考えすぎてしまうと、物事の本質を見失ってしまうと考えたためなのだろう。だから厳格な前提に基づいて、「この場合には、こうあるべきだ」という規範論を組み立てたのである。社会生活の中にある個々の複雑な事象をモデルによって解析しようとする場合、伝統的な経済学の理論にそれなりの説得力があるのも事実だ。

しかし、実際には存在しない厳格な前提を置くことによって、理論が実際の事象に適合できなくなるというデメリットがあることも確かである。中には、前提条件の定義を厳密に行わなければ、時としてモデルから導き出された結果が何を意味しているのか理解できないケースもある。

そこで理論を実際に近づけるために、生身の人間が実際にどのような行動をとるかを観察することで、新しい理論を作り始めたのが「行動ファイナンス理論」なのだ。よって、日常、金融市場で起きている価格の変動や、もう少し大きな相場のトレンドなど、短期的な経済動向を理解するには、極めて有益なツールといえる。この点は、経済動向や政策の効果などを分析しようとする行動経済学でも同様である。

一方、伝統的な理論に根ざす金融工学などの有用性が低いのかというと、そう判断するのは早計だ。たしかに、金融工学の理論では、バブルのような事象を分析することはできない。あるいは、日常起きている金融資産の価格変動等を、すべて説明することもできない。しかし、さまざまな条件の中で、特定の株価のフェアバリュー（公正価格、理論的に適正と考えられる価格）がいくらになるかという、一種のメルクマール（＝基準値）を得る上で、伝統的なファ

図表 1-5 伝統的経済学理論と行動ファイナンス理論の対照表

	伝統的経済学理論	行動ファイナンス理論
対象とする人間像	完全で合理的な人間（常に合理的に行動する。非合理な行動をすることは想定しない）	実際の生身の人間（非合理的なこともするし、間違った判断をすることもある）
経済活動	企業や個人は、常に経済合理性に基づいて行動する。	いつも、合理的とは限らない。
金融市場動向	常に、理論的に正当化される動向を示す。理論的には、バブルが発生することはありえない。	常に、理論的に正しい動きを示すとは限らない。時には、理論的には正当化できない動向を示すことがある。バブルが発生することも十分想定される。
理論の組み立て	理論的にあるべき姿を前提にして、理論を組み立てる＝規範理論	実際の人間の行動を基準にして理論を組み立てる＝行動理論
対象とする期間	相対的に長期間	相対的に短期間

イナンス理論は有用だ。特に長期的なスパンで考えると、俄然、金融工学や伝統的な経済理論の有用性は高まる。長期的に見た場合、実際の市場価格がフェアバリューに収斂することは十分に考えられるからである。

こうして冷静に見比べると、金融工学など伝統的な理論を使って、中・長期的に収斂するフェアバリューを念頭に置く一方、短期的には、人間の心理状況を基礎とした「行動ファイナンス理論」によって、経済・金融市場の動きを分析する、というのは、一つの有効な選択肢といえるだろう。

8 伝統的経済学とその限界③

——発生しないはずのバブルはなぜ発生するのか？

これまでアノマリーとして分析の対象とされてこなかったバブルを組み込んだ行動経済学理論への期待は、経済危機を経験した今こそ、世界中で高まっており、すでに実際の投資行動にも活かされている。

バブルは特殊なこと、は本当か

「行動ファイナンス」の概要をつかむにあたって、なぜバブルが発生するのかを考えることは大きな示唆を与えてくれる。バブルの発生を考えることによって、逆の経路から市場の非効率性や、投資家（人間）の意思決定の非合理的な側面を考察することができるからだ。これは行動ファイナンスの本質をとらえる上で、有用な分析プロセスでもある。

金融危機という大きなイベントを経て、一時、世界経済が混乱に陥った今となってみれば、バブルの発生を説明できる理論が必要であることは明らかだろう。だが、伝統的な経済学の理論や金融工学では、そもそもバブルが発生すること自体、想定されていない。なぜならそれらの理論では、「人間は合理的に行動する」ことが前提になっているからだ。人々が合理的に行動するのであれば、とても理屈に合わないような「高値」にあるものを買うことは考えられない。そのような「高値」を誰も買わなければ、バブルが発生することはありえないのだ。

では、バブルはここ最近の特殊なことかというと、決してそうではない。それどころか、昔からバブルが発生したケースは数多くある。最近では、90年代後半の米国市場中心に発生したITバブル、80年代後半のわが国の資産バブル、はるか過去の歴史を遡ると、17世紀のオランダで、チューリップの球根一個が家一軒分にまで跳ね上がったバブルなど、それこそ枚挙に暇がない。オランダのチューリップバブルなどは、なぜチューリップの球根の価格がそこまで上昇してしまうのか、今日の感覚では理解しがたい。だが、こうした理解しがたい経済現象を生み出してしまうのが、人間の心理なのだ。

なぜ行動ファイナンスは期待されているのか

伝統的な経済学では、バブルの発生を「アノマリー」として扱ってきた。これは「例外事象」という意味であり、多くの経済学者はバブルを例外的な経済現象であるとして研究の対象とはしてこなかった。しかし現実には、バブルは依然として発生している。米国住宅バブル崩壊後の2008年半ばにかけての原油相場の高騰や、金融危機後2009年のロシアや上海株の上昇も一種のバブルといってよいだろう。経済状況はそれほどよくないにもかかわらず、「どうしてこんなに価格が上昇してしまうのか」という疑問は常に存在してきた。そこに現れたのが、「行動ファイナンス」だ。

「行動ファイナンス」では、基本的に人間が合理的行動のみをするとは想定していない。人々の心の働きや心理状態をもとに、人間の経済行動や金融市場の動き、さらには、投資手法などを考える理論である。端的に言えば、人間は間違った意思決定を下してしまうことを前提に、人間の行動や市場について解明しようとする分野である。

この分野は、海外ではかなり以前から研究が進んでおり、2002年のノーベル経済学賞の受賞対象研究になったほどである。米国の主な大学では、すでにカリキュラムの中に盛り込まれているほど定着している。また、「行動ファイナンス」や「行動経済学」は、徐々に実際の投資行動の中にも活かされるようになっている。単なる理論としてだけではなく、個人の投資家が、どのような投資行動をとればよいか判断するとき、重要な基準としても利用され始めている。

9 伝統的経済学とその限界④

——金融工学は万能か？

金融工学は長期的な予測に、行動経済学は短期的な予測に向いている。金融工学と行動経済学では、それぞれが分析の対象とする期間が異なる。

なぜ「金融工学」はもてはやされたのか

金融工学とは、統計学や確率論の手法を用いて金融資産の将来の期待リターンを推計しようとする分野である。「効率的市場仮説」※を基礎にして、金融資産の将来の期待リターンは過去のリターンの平均値に収斂し、その金融資産のリターンに関するリスクは過去の標準偏差に収斂するという「平均・分散モデル」の考え方がベースの一つとなっている。その基本は、金融資産の価格変動の分布は正規分布になる、という考え方だ。

金融危機発生以前、金融工学は、資本市場の実務の現場を中心に、リスク管理やポートフォリオの構築などの重要なツールとして機能してきた。なぜならば、正規分布に基づいて金融資産の価格が変動するという発想は、実務担当者やモデル担当者にとって、リスクとリターンの所在を端的に示しやすい、使い勝手のよい理論であった。今にして思えば、金融工学を学び高度なモデルを構築していくことで、金融工学は万能であるという思い込みが私たちに植え付けられていたのかもしれない。

ではリーマン・ショック後、方々で指弾されたように、金融工学は無能と言い切れるのだろうか。冷静に検証してみよう。

金融工学が分析の対象とするものは、長期間にわたる金融資産の価格均衡分析である。たとえば、5年や10年の間で債券価格がどのレンジ（範囲）に収斂するのか、株価の収益率はどれくらいになるのかといったことの分析については、高い説明能力を有する理論である。一方で、短期間の価格変動率に関しては、相対的に説明能力に問題が見られる。これが、長年市場関連業務に従事してきた筆者の実感である。

たしかに、バブルの発生のような理論的には説明しきれない事態が発生すると、金融工学の説明能力は格段に低下してしまう。金融工学は伝統的な経済学と同様に、市場での需給の均衡点の解明をテーマとした理論である。

この例として、リーマン・ブラザーズ破綻後の金融市場の混乱が挙げられる。この混乱の中で、金融工学に基づいて特定の金融資産の価格を算出することは、極めて困難なことであった。また、仮に理論価格を算定しても、市場の変動が激しすぎて、投資家としてはとても手を出せる状況ではなかった。そして、投資家が手を出せないでいるうちに、世界の資本市場は急激に流動性を枯渇させ、リスク資産の取引は極端に低下してしまったのだ。特に、証券化商品市場の低迷は米国を中心に大きな経済的損失を生み出した。

金融工学の使いどころ、行動ファイナンスの使いどころ

金融工学におけるモデルは、バブル時のような特異な市場環境を想定して設定されたものではなく、モデルの開発者によって予め設定された前提に基づいて構築されている。この前提には、たとえば「市場は効率的である」というように、日常の生活で実感することが難しい内容も含まれている。そのために、市場関係者が「異常」と感じる経済環境が起こると、モデルの解析能力は低下してしまう。

裏を返せば、短中期の市場変動についてみると、投資家のリスク許容度の低下や群集心理といった人間の心理的な側面が強く表れているケースがある。その場合、金融工学によって、金融資産の価格が長期的には経済ファンダメンタルズに収斂していくことが想定され、またそれが合理的であると理解できたとしても、その意義が低下することは避けられない。こうしたア

図表 1-6 金融工学と行動ファイナンス

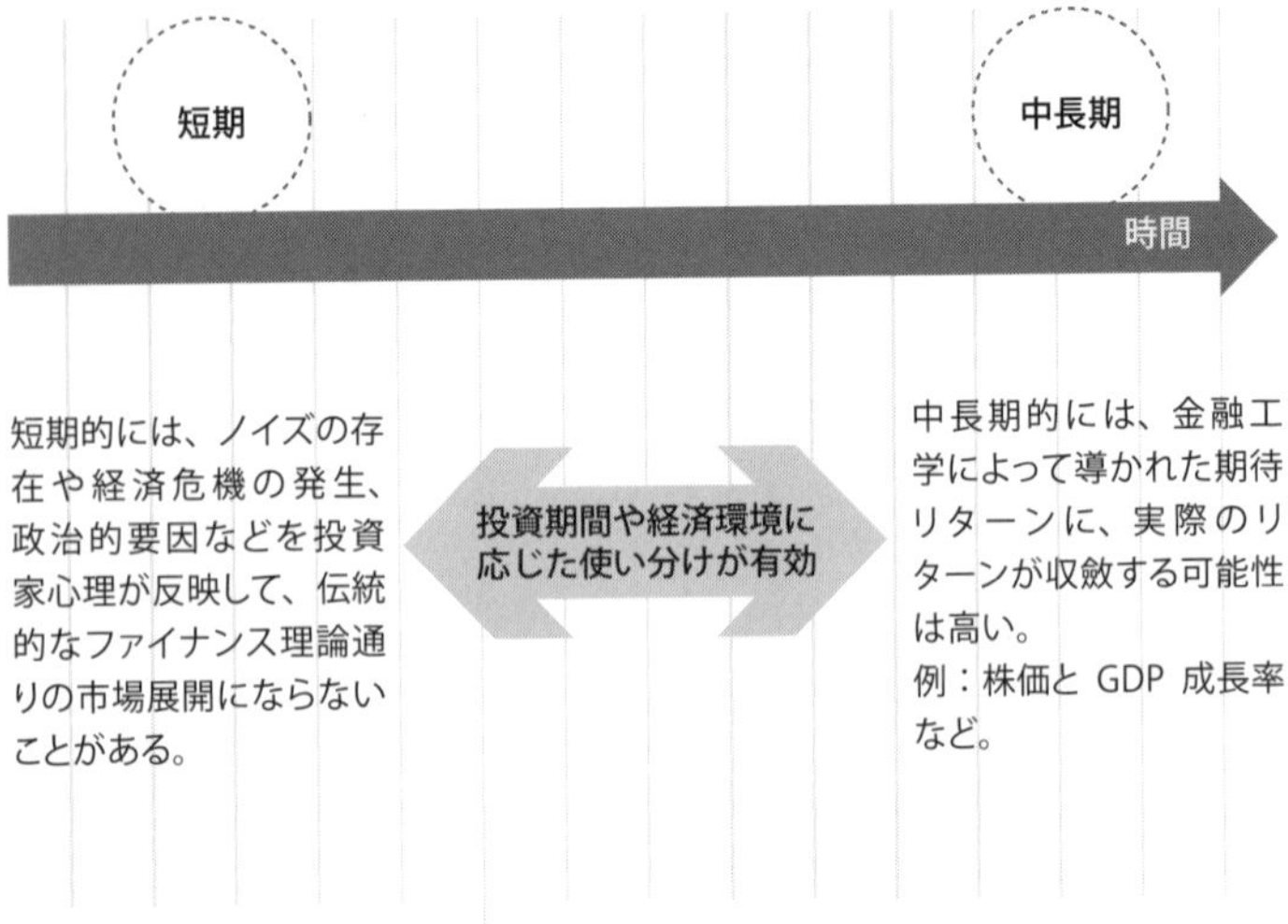
短期
中長期
時間
短期的には、ノイズの存在や経済危機の発生、政治的要因などを投資家心理が反映して、伝統的なファイナンス理論通りの市場展開にならないことがある。
投資期間や経済環境に応じた使い分けが有効
中長期的には、金融工学によって導かれた期待リターンに、実際のリターンが収斂する可能性は高い。
例：株価と GDP 成長率など。

ノマリーを解析しようとして生み出されたものが「行動ファイナンス」なのだ。

比較的単純な前提を置いた上でモデルを構築していることを知ると、金融工学の有用性を否定したくなるかもしれない。しかし、長期的な市場動向の分析には、依然、金融工学の有用性は高いと考えるべきだ。問題は、金融工学だけに頼ってリスク管理や収益率の計算を行ってきたことにこそある。

さらに、実務においては、前提を設定してリスクや期待リターンを推計することも、多様な市場の情報を取捨選択して理解し、活用する上では有用な発想だ。今後のリスク管理などを考える上で、たとえば、短中期的には行動ファイナンスを用いて※市場のセンチメントを勘案しながら資産運用やリスク管理を行い、長期的な収益目標に関しては金融工学を用いて均衡点を見つける、という2つの考え方のバランスのとり方が必要になるだろう（図表1－6）。

※効率的市場仮説

投資家はすべて合理的であり、その投資家が形成する市場は常に効率的であるとする考え方。

※リスク許容度

投資家がどれだけのリスクを容認するかという程度。伝統的な経済学理論では、一般的に投資家はリスク回避的な存在であるとされる。

※市場のセンチメント

投資家がもつ市場の動向に対する心理。具体的には、強気、弱気などと表される。

10 「多様性」を受け入れる経済学へ

すべての人が異なるインセンティブを持つ。この当たり前ともいえる多様性を前提とすることで、日常生活に潜む多種多様なアノマリーを理解できるようになった。これこそが行動経済学最大の貢献である。

インセンティブは本当にみな同じか？

これまでの金融工学に依存するリスク管理や期待リターンの推計プロセスは、モデルで解明できない事象が起こると、すべてアノマリーとされ、理論的に説明することが放棄されてきた。もちろん実務家には、こうしたアノマリーを利用して収益を獲得しようと努めてきた集団もいたが、理論家サイドからはアノマリーの解明に対する明確な指針は示されてこなかった。

特に完全競争における需要と供給の均衡点を基礎にした伝統的な経済学では、基本的に個々の経済主体に関するインセンティブの差異を想定してこなかった。そのため、一定のベネフィット（利得）に対して、異なる意思決定を行うということは考えられてこなかった。あくまでも経済主体（投資家や企業）は合理的な存在であり、合理的であれば、一定のベネフィットに対してはほとんど一様に行動すると考えられてきた。

しかし実際は、ベネフィットに対するインセンティブは、それぞれ大きく異なることもある。たとえば、ある人にとってはお金儲けが何よりも重要なことかもしれないが、別の人にとっては、お金儲けよりも時間を自由に使ってサーフィンをすることのほうが大切かもしれない。

こうして、理論と現実との間に、説明することが難しいほどの差異が生まれてきた。そしてこのとき、人間の行動様式を欲望やインセンティブに基づいて解明しようとする心理学というツールと、伝統的な経済理論が出会ったのだ。それにより、これまで解明されないまま放置されてきたアノマリーに対する説明が可能になったのである。

特に、実験などを通して人間の意思決定プロセスを解明することによって、私たちがさまざまなストレス状況において何を考え、どう行動するのかが少しずつ解明されている。個人投資家の意思決定を考える上でも、個人投資家が何に触発されて行動するのか、そして多くの場合、個人投資家は効率的に投資収益を獲得することができているのかといった、より私たちの日常生活の感覚に近い形での実証研究が可能になっている。このような実証研究を行うことで、損失が出ている局面では投資家はどのような行動をとりがちなのか、そして、その行動のインセンティブは何なのかといったことも説明可能になってきたのだ。

多様性こそが、アノマリーの源泉

多様な価値観が交錯する社会生活の中で、伝統的な経済学や金融工学が想定したようなモデルを構築して、特定の事象を分析することには大きな魅力がある。しかし、それは、モデルによって導き出された結果が、実際に発生することに近いということを保証するものではない。

繰り返しになるが、私たちのインセンティブはまさに多様である。10人の経済主体が存在すれば、少なくとも10通りのインセンティブが考えられ、しかもその内容は時の経過とともに変容する可能性もある。この多様性や変容性というアノマリーこそが市場の本質であるといっても差支えないだろう。そして、心理学のアプローチを用いることでアノマリーをよりビビッドに解明し、バブルの発生やバリュー株※の存在をより具体的に考えることができるようになった。ここにこそ、行動ファイナンスの最大の利点がある。

※バリュー株

一般的にPBR（株価純資産倍率）が市場の平均を下回っている銘柄、有り体に言うと、「出遅れ株」と考えればよい。つまり、PBRが市場平均未満であれば、理論的には割安であるといえる。

11 「非合理性」への2つの切り口

「限定合理性」、「情報の非対称性」など、伝統的経済学理論からも人間の非合理性に着目する動きはあった。しかし、人間心理そのものに鑑みたものは、行動経済学の登場まで存在しなかった。

「限定合理性」とは何か

伝統的経済理論の中には、人間の非合理性に着目したものはなかったのだろうか。実は、そうではない。合理的という大前提に依拠しながらも、時に十分な情報を持たない人間にも分析を加えてきた歴史がある。

その代表的なものとして、「限定合理性」という考え方がある。この概念は「経済主体は常に合理的であろうと考えるが、人間の認知能力の限界によって限られた範囲の合理性しか獲得できない。結果として、すべての情報に対して合理的に行動できるわけではない」という考えである。これは、米国の経済学者で1978年のノーベル経済学賞を受賞したハーバード・A・サイモンによって提唱された。

サイモンは当初、政治学を学んでおり、その中で行政組織の研究に取り組んでいた。彼は、さまざまな行政組織が編成されているのは、人間の合理性が完全ではなく、むしろ限定的なものであることに対処するためであることに気づいた。この気づきから、彼は「限定合理性」というコンセプトを構築したのである。サイモンは限定合理性に関して、コンピューターを用いてシミュレートすることに関わり、この業績はのちに人工知能へと発展していく。

「情報格差」から伝統経済学理論に切り込む

もし、すべての投資家が完全情報を持っているとすれば、インサイダー情報という概念すら成立し得ないだろう。なぜなら企業にかかわるすべての情報は等しく投資家に知れ渡っているからだ。もし、それが実現できているのなら、市場は「効率的」である。

ではこのとき、株価や債券価格はどのように決定されるのだろうか。投資においては価格（金利）差が利ざやとなって投資家の利得となるのだが、この差は情報格差から生じることが考えられる。二人の投資家がいるとしよう。そのうちの一人が、もう一人よりも多くの情報を持っている、というケースだ。

一人の投資家が、ある企業が破たんに瀕しているという情報を持っており、もう一人はその情報を持っていない場合、前者はその企業の株式、あるいは債券を空売りすることによって利得を稼ぐことができる。一方で後者の投資家は、破たんリスクの高さを認知していないがために その企業の株式を購入してしまい、痛手を被ってしまうかもしれない。このように、投資家間での不完全情報の状態があるからこそ、市場での取引は成立すると考えられる。すべての投資家が合理的、かつ完全情報をもっているのであれば、企業の株価は、どの投資家からも一定の価格提示しか受けられず、取引は成立しなくなってしまうかもしれない。

もう一つ、伝統的経済学が前提とした完全知識に対するアンチテーゼとして生まれた理論を紹介しよう。「情報の非対称性」というコンセプトだ。「情報の非対称性」とは、取引相手の二人のうち一方が持っている情報を、もう一方の経済主体が持っていない状況を言う。たとえば、中古車の売買で、売り手は専門のディーラーだとする。一方の買い手は一般の素人だとする。この場合、プロのディーラーは、車に関する専門知識を持っており、一目見れば、その車のすべてがわかるだろう。

一方の買い手の個人は、多くのケースで、車に関しては素人で専門知識を持っておらず、よく見たところで、その車のグレードなどを見分けることは難しい。その情報の非対称性のために、売買の価格は本来あるべき価格（フェアバリュー）よりも高くなりがちだ。

2

行動経済学で「何が」できるのか？

1 正規分布と「歪み」をもった分布

バブルへの対応として有効な手が打てなかったことの原因には、正規分布などを用いて、モデルを構築するという伝統的なファイナンス理論への過信があったといえるだろう。

伝統的なファイナンス理論にとって、数理的な分析手法は、今日においても重要な要素である。基礎となっているのは統計学や確率論であり、基本的なところでは「平均」の概念や、各サンプルの分布のばらつきを示す「標準偏差」が使われることが多い。

金融工学には、価格変動率が正規分布に従うとの基本命題がある。これは、「金融資産の価格変動は過去の平均値に収斂し、リスクはその標準偏差に従う」という考えを基礎としている。つまり金融工学は、正規分布という前提条件を重視して理論を構築しており、金融商品のリターンに関するリスクは、過去の標準偏差に落ち着くと考えられてきた。

ところが、実際の金融資産の価格変動率は、必ずしも正規分布にはならない。実際には、分布の両サイドが、正規分布で想定されているよりも発生確率が高い、いわゆる「ファット・テイル」の様相を呈することが多い。これは「テイル・リスク」[※]と呼ばれている。多くの実務家は、テイル・リスクへの対応のために、価格変動率を算定する際に生起確率のウェイトを変更するなどして調整するケースが多い。

また、最近では、実際の発生確率を現実に近づけるために、正規分布を前提にしない分布を作成し、それに基づいてシミュレーションを行うことが多くなっている。ただ、そのような場合でも、何らかの条件を設定せざるを得ない。もしその条件が誤ったものだったら、そのシミュレーション自体の精度が低下することは、言うまでもない。人工知能等を用いてトレーディングを行う運用会社も存在するが、彼らが常に大きな収益を得られるわけではない。特に、2008年9月15日のリーマン・ブラザーズの破綻では、こうした数理統計学に依拠したリスク管理の限界が露呈したと指摘されている。

数理的なモデルによるリスク計測手法は、複雑な金融市場の動向を解析する上で相応の意味を持つ。ただし、そうした手法は、短期間に大きな変化が起きた場合、ほとんど無力になってしまうことがある。短期間に予想外の変化が起きた場合、モデル自体がそうした変化に追いつけないのだ。

ただ、伝統的な金融工学に基づくリスク管理の限界については、実務家の間で、リーマン・ショック以前から認識されていた。にもかかわらず、当時、多くの金融機関や投資ファンドが金融工学のリスク管理手法に依存していた理由は、それ以外に有効で現実的なリスク管理手法が見当たらなかった、ということもある。

現在、今後のリスク管理に関して、どういうモデルを構築するかというテーマと同時に金融機関の自己資本規制の強化が、国際決済銀行（ＢＩＳ）を中心に展開されている。いかにして人間の非合理的な心理要因を金融機関のみならず企業の事業リスク管理に応用していくかという議論は、今後より活発になるだろう。

※テイル・リスク

通常、金融資産リターンの分布は、正規分布の形状にならず、分布の発生確率が本来あるべき水準よりも高いこと（ファット・テイル）により発生するリスクを指す。

2 「行動経済学」の課題とは

「プロスペクト理論」の登場以降、心理学の知見を導入して発展してきた行動ファイナンスと行動経済学。アノマリーの分析への貢献など利点も多い一方、恣意性の問題など、課題もある。

今、「何の」役に立っているのか?

カーネマン、トベルスキーがプロスペクト理論を提唱したことで、心理学のアプローチを経済やファイナンスの理論に応用する端緒が開かれた。以降、金融市場の専門家も、心理学的アプローチを有効な分析ツールとして使い始め、金融資産価格の実証的な研究など多方面への進展が進められている。

金融市場では、伝統的な金融工学理論では正当化できないバブルの発生や、さまざまなアノマリー現象などが報告されている。そのため、市場の実務家や投資家から、アノマリー解明のための理論構築に対する要請は強く、心理学の方法論を使った株価などの価格動向の研究は、

80年代後半以降急速に進展した。

こうした潮流を受けて、カーネマンやR・セイラーを中心に、認知心理学や心理学の方法論が導入され、心理学のツールを使った行動系のファイナンス理論、すなわち「行動ファイナンス」として一領域を築いており、金融工学など伝統的なファイナンス理論と対峙するに至っている。

「行動ファイナンス」については、もちろん現在も研究が進行中だ。特に、認知心理学でいう「認知的バイアス」などを分析して、意思決定に対する影響を考察することに力が注がれている。

一方の行動経済学であるが、ここではより分析の対象が広くなる。つまり、情報拡散のプロセスや、「ハーディング（群れ）現象」など社会心理学の方法論を利用して、社会に与える影響を検証しようとしている。この点で、行動経済学は行動ファイナンスよりもマクロの視座を持って分析が進められているといえる。

伝統的な経済・ファイナンス理論で、実際の社会や金融市場で起きていることを分析するのが困難であることは、かなり明確になっている。私たちが住む実際の社会や、株式・為替・債券などの金融市場で、多くのアノマリー現象が日常的に発生していることを考えると、伝統的な期待効用理論※で対応できる範囲は、むしろ限定的と考えた方が適切かもしれない。アノマリーの存在自体が、伝統的な経済・ファイナンス理論の限界を明示しており、それらの理論研究は、アノマリーを説明できる水準まで高められるべきと考えられる。だからこそ、人々の感情や認知能力を考慮した「行動ファイナンス理論」には、十分な有用性があると考えられるのだ。

行動ファイナンス、3つの課題

ただ、現在の「行動ファイナンス理論」にも、今のところ以下のような改善されるべきポイントがある。もちろん、こうした議論は行動経済学にも当てはまる。

①理論としての体系化

「行動ファイナンス」の研究は伝統的な経済理論に比べると歴史が浅く、それぞれの研究者が、まだ独自のアプローチを行なっている傾向が見られる。今後、さらに一貫した理論として体系化することが必要と考えられる。

②タイムスケールの明確化

理論の精緻化を目的とする場合、どの程度のタイムスパンかを明確化すること、すなわち、短期的動向を説明する理論なのか、長期均衡を解析する理論であるのかを明示することが必要。これは、研究者自身の研究目的や範囲の明確化にも役に立つと考える。

③恣意性回避のため実証データ蓄積

「行動ファイナンス」では、アプローチ手法が心理学由来のものであるため、理論が恣意的との批判を受けやすい。そうした批判に対する最も重要な要素の一つは、何と言っても実証データの蓄積だろう。

このように改善されるべき点はあるものの、伝統的な経済・ファイナンス理論に限界が顕在化している以上、それを補完することは重要だ。「行動ファイナンス」がその重要な候補であることは間違いない。

※期待効用理論
伝統的な経済学の代表的理論の一つ。経済主体が、あるもの、あるいは行動から得られる満足（効用）を定量化したもの。

3 株価はなぜ乱高下するのか

——実際の市場環境で考えてみよう！

株価の変動は、「効率的市場仮説」に基づくとランダムな変動（ランダム・ウォーク）という結論に行きつく。一方で行動ファイナンスでは、人間心理に影響を与えるさまざまな要素を考慮できるので、トレンドなどへの理解が深まる。

株式をはじめ市場で取引される金融商品の価格は、通常、絶え間なく変動している。伝統的なファイナンス理論では、株価の変動はランダム・ウォークであると考えられてきた。ランダム・ウォークとは、お酒に酔った人がふらふらと見定めもなく歩くさまを形容したもので、日本語では「酔歩」や「千鳥足」と訳されている。

市場が効率的であるならば、現在の株価には、過去と現在、さらに将来に関する知り得る限りのすべての情報が反映されていることになる。ただし現実には、私たちは将来を的確に推測する情報を持たないことが多い。ということは、将来の株価は適切には予測できないということとになる。もしそうなら、株価が上昇するのも下落するのも、基本的にサイコロを転がすのと同じになってしまう。このような場合に、「価格の変動は単純な確率過程と言えるはず」とするのが金融工学の考え方だ。

一方、行動ファイナンスでは、投資家の心理に着目して市場環境の分析を行うため、もともと市場は効率的であるという仮定に縛られていない。その時々において、投資家が何を考え、何を期待しているのか、またその背景には企業の動向が影響を与えているのか、あるいはマクロ経済指標の動向が影響を与えているのかといったように、環境に応じた柔軟な分析が可能となる。

長期的に株価が上昇していたとしよう。投資家のリスク許容度は景況感の改善とともに上昇する傾向がある。なぜならば、株式市場の上昇はGDPの成長率に大きな相関をもっており、「景況感の上昇＝企業収益の改善＝GDP成長率の上昇＝株式市場の上昇」というロジックが成立しやすく、景気下降局面に比べると株価の下方リスクは低減すると考えられるからだ。伝統的なファイナンス理論では、仮に経済成長局面にあっても基本的発想は市場は効率的であり、株価はランダム・ウォークに従うという着想に基づいている。

行動ファイナンスでは、投資家の収益基準は株価の変動とともに変動し、多くの投資家がより強気な投資スタンスになればなるほど、人間が群れをなそうとする心理（ハーディング現象）

が働くこともあり、楽観論が台頭すると考えられる。つまり、投資家心理の改善が徐々に人々の間に広まることによって、「あの人が株を買っているから株を買おう」というインセンティブを醸成し、株式を売却しようとする投資家よりも、購入しようとする投資家の絶対数が増加する。こうして上昇トレンドができ上がるのだ。

4 ゲーム理論と行動経済学の共通点と相違点

ゲーム理論は主に意思決定の「結果」に注目し、行動経済学は主として意思決定の「プロセス」に注目する。ここでは、ゲーム理論の考え方を示すことで、行動経済学との違いを示す。

意思決定理論の最前線、ゲーム理論

行動経済学や行動ファイナンスといった、心理学を応用した分野（人間の心理・行動に着目した視点）が登場するまで、伝統的な意思決定理論や経済学などでは、個々の人間の意思決定の多様性を分析することを放棄してきたように見えるかもしれない。だが、「限定合理性」の登場以降、伝統的な経済学理論の中でも、個々の意思決定の「結果」がどのように他の意思決定者に影響を与えるかを検討する考え方が出てきた。その一つとして、ゲーム理論が挙げられよう。

ゲーム理論とは、複数の経済主体が存在する状況下で、それぞれが相手の出方を見ながら、どのように意思決定がなされるかを検証する分野である。行動経済学や行動ファイナンスが、経済主体は「どのようなプロセスを経て意思決定を下すのか」という、意思決定の「プロセス」まで分析しようとするのに対し、ゲーム理論では、「どのような意思決定が現れたか」という意思決定の「結果」を読み解くというのが基本スタンスである。

ゲーム理論は、基本的に、ルールに従って利得を最大化する行動を分析する。これは、企業のM&Aや新製品開発、提携や価格競争といった事例を分析する上で有用だ。

囚人のジレンマ――自分にとっての最適解が全体最適にならない？

ゲーム理論を語る上ではずせないのが、「囚人のジレンマ」という有名な考え方である。ゲーム理論が人間の非合理性をどうとらえているかを示すために、簡単に紹介しよう。この囚人のジレンマが成立するためには次の要件が必要だ。

①相手が協力するとき、自分は協力しないほうがよい
②相手が協力しないときでも、自分は協力しないほうがよい
③双方協力しないとき、双方協力するより悪い結果となる

図表 1-7 囚人のジレンマ

		囚人B	
		黙秘	自白
囚人A	黙秘	(-3 , -3)	(-10, 0)
	自白	(0 , -10)	(-5 , -5)

この要件のもとで以下の例を考えてみよう。(図表1-7)

囚人AとBはともに黙秘か自白の選択をとることによって、それぞれの刑期を短くすることができる。ただ、お互いの自白内容が双方の刑期に影響を与えるため、A、Bは自分が黙秘するのであれば、「相手は自白するのだろうか」という具合に、相手の出方を想定しながら意思決定を行わなければならない。

囚人A、囚人Bは隔離された独房で、相手の情報を持っていないとする。A、Bの両方にとって自分の刑期を最も短くすることができるのは自白を選択することであり、自白がこのゲームの支配戦略(他のゲーム参加者がどのような戦略をとるとしても最善の利得を獲得できる戦略)となる。このとき、互いが自分の支配戦略を選ぶことは、当初想定していた0年の刑期ではなく5年の刑期が言い渡される結果となる。そのとき、各々にとって最善の選択であるべき「自白」が、結果的には全体の最適につながらないことになってしまう。

囚人のジレンマが示唆しているのは、個々経済主体にとって最適と思われる意思決定を行う結果、二人の経済主体にとって必ずしも最適とはいえない状況が発生するということである。

「プロセス」よりも「結果」を重視するゲーム理論

ゲーム理論は、基本的に人間の意思決定の「結果」を見るべく構築されてきた理論である。たとえば冷戦時代の米ソの国際関係の分析においては、片方が核ミサイルを配置したら他方はどのような選択肢を取るべきかというシミュレーションが、ゲーム理論を用いて活発に行われてきた。こうしたシミュレーションによって、米国は相手の出方に応じた柔軟かつ迅速な対応手段を豊富に準備していたのだ。

今日、この発想は利用価値の高いものではあるが、その背後にある「人間心理の変化」に関しては必ずしも深い分析の対象とはしていない。だからこそ、行動ファイナンスや行動経済学理論の発展によって私たちの心理状況と意思決定の関係が明らかになったことは、経済活動を分析していく上で重要なファクターなのだ。

5 物理学と経済学の融合

――「現実」を見る経済物理学

経済物理学とは、金融工学と同じ数理的な分析を加えるものの、①仮定を置かず、実際のデータから「べき分布」を見出したこと、②均衡点は存在しないという前提で分析すること、の2点で異なるものであり、実際の事象展開を出発点としていることが特徴的である。

金融工学を超えて

金融工学には重要な柱がいくつかある。そのうちの一つはポートフォリオ選択理論、もう一つは金融派生商品の価格決定理論である。前者には資産価格モデル（CAPM）、後者にはブラック・ショールズ・モデルという、その分野における金字塔として広く知られているモデルがある。二つのモデルに共通するのは、サンプル数を大きくしてみると、どのような現象も正規分布で表現できる、という発想である。過去のデータを集めて求めた平均値と標準偏差をもとに分析すれば、将来起こるであろう価格変動を確率のツールを使って表現することができるだろう、と考えているのである。

たしかに、これらの理論を用いることで、私たちは複雑な金融市場のあり方を単純化してわかりやすくとらえることが可能になった。しかし、それらのモデル通りにいくほど、現実の金融市場は単純でない。時として、理論をはるかに超えた現実が起きることもある。

そうしたケースの中で最も有名な例の一つは、1998年のLTCM破綻であろう。LTCM（Long-Term Capital Management）とはブラック・ショールズ・モデルの功績でノーベル賞を受賞したマイロン・ショールズと、ロバート・マートンが経営に参加したヘッジファンドで、その当時は「金融界のドリームチーム」とか「単位面積あたりで最もIQの高いオフィス」などともてはやされていた。しかし、ロシア政府のモラトリアム（支払猶予）宣言によって「理論により導かれた将来」とは異なる現実が出現すると、レバレッジをかけた取引戦略は45億ドルという巨額の損失をもたらし、あっという間に破綻してしまったのだ。

本来、物事を分析し、理解しようとするとき、現実と理論のどちらを優先するべきなのだろうか。明らかに、現実を優先すべきだ。この当たり前の原点に立ち返り、経済現象を分析し、理解しようとする新しいアプローチが発展している。

その一つが「経済物理学」という分野である。名前の通り、物理学の考え方を使って経済現象を解き明かそうという考えだ。経済物理学でも数学的なツールを使うので、一見すると金融工学の方法論をより精緻に行う分野のように見えるが、経済物理学と金融工学は根本的に異なっている。むしろモデルでなく現実を優先して分析するという立ち位置は、行動ファイナンスにも通じるところがある。以下の説明は、少々専門的な話も含んでいるが、数理系の経済学の新しい潮流を感じてもらえればよい。

金融工学との違い①——正規分布を前提とするか否か

経済物理学は、従来の金融工学とどこが違うのだろうか。大きな違いの一つは、「正規分布を仮定しないこと」である。

金融の実務の世界では昔から、「市場での価格変動は正規分布では表現できない」と指摘されてきた。具体的には、正規分布であれば起きないような大きな価格変動が頻繁に実現している。たとえば標準偏差の5倍の大きさの変動は、正規分布ではおよそ7000年に一度（一日）しか起きないとなっているが、実際にはアジア通貨危機（1997年）やアルゼンチン危機（2002年）のような経済危機は数年に一度起きている。一日に22・6%という価格変動は、従来の正規分布の枠組みでは5億2000万年に一度起きる程度の確率、つまり現実には起きないはずだったが、1987年10月19日に実際に起こり、ブラックマンデーとして記憶されている。

こういった現象は「ファット・テイル（Fat Tail）」として広く知られており、いわゆるテイル・リスクの問題の中で指摘されている。にもかかわらず金融工学は、その指摘に対して真正面から取り組むことを避けてきたきらいがある。

金融工学における正規分布の存在は、数学における「公理」に近く、「実際の価格変動は本当に正規分布に従うのだろうか？」という素朴な疑問は、意識的か無意識的かはさておき、忘れ去られることもあった。あくまでも、「市場での価格変動が正規分布に従うと仮定すると、オプションの価格はこのような考え方で導ける」というのがブラック・ショールズ・モデルであり、正規分布に従わない場合については何も説明していない。

そこで登場してきたのが、正規分布を仮定しない「経済物理学」である。外国為替市場におけるデータ分析の結果、正規分布ではなく、「べき分布」で近似できるという今までにない考え方をしているのが特徴だ。べき分布というのは、累積分布関数がXの-a乗（X^{-a}）というべき乗の形をしている分布のことを指している。数学的な細かい話は専門書に譲るとして、ここで重要なのは、**正規分布では確率が小さすぎてほとんど起こらないとされている現象でも、べき分布では十分起こり得るとわかることだ。**

べき分布の使用は、ファット・テイルに対する一つの答えになる。正規分布ではなくべき分布の方がより現実に近いということになれば、正規分布を前提とするブラック・ショールズ・モデルではオプションの価格は求められないということになってしまう。ここで得られた問題意識のもとでオプションの価格決定モデルの改良が進められている。

では、なぜ「べき分布」になるのか。重要なのは、経済物理学は、はじめからべき分布を仮定したわけではない、ということだ。市場での価格変動データを集めて、実際のデータに基づいて累積分布関数を描いてみると、べき分布が実現していそうだ、というところが出発点になっている。そして次に、べき分布を生みだすモデルを考え出し、現象を説明し理解する、というアプローチをとった。これは物理学の方法論である。繰り返しになるが、金融工学ではまず正規分布を仮定し、論理を構築してきた。しかしながら、経済物理学では、実際に得られたデータを虚心坦懐に眺めることでべき分布を導入し、モデルを構築する。この違いはとても重要なポイントである。

さて、べき分布を生みだすメカニズムに関しては、市場における取引では、ほんの小さな違いが最終的にはとても大きな違いになってしまう、いわゆる「**カオス**」の性質があるとされている。これは、市場参加者が過去の価格変動に基づいて将来を予想することによる産物であるという。それは、「市場の価格変動はランダム・ウォークであり、正規分布が実現する」という金融工学の枠組みとは大きく異なる考え方だ。

金融工学との違い②——均衡点は存在しない

金融工学では「均衡」を発見することが優先されてきた。根底には、仮に裁定機会※があったとしても、いずれ各市場における価格差は消滅し、一つの適正値に収斂し均衡する、という考え方がある。金融工学に限らず、伝統的な経済学では需要曲線と供給曲線の交わる均衡点によって価格が決まると考え、いずれかの曲線が動けば価格は新しい均衡点によって導き出される。要するに均衡という状態こそが正常な状態で、それ以外は一種のノイズが混じった状態、という考え方が構築されてきた。

ただ、生物学などでは基本的にそのように考えてはいない。**どんなに時間が経っても、一つの値に収斂しない現象もあり得る、と考えている。**それは、現象があまりに複雑すぎて、一つの均衡点を見出せないというのではなく、背景にある法則が極めてシンプルであっても、均衡しないことがある、という考え方である。つまり、均衡点の発想そのものが成立しなくなる。そのため、均衡という発想を基にした時系列での分析は、非常に困難なものとなる。これは、アルビノ（白色個体）の発生といった突然変異や生物個体数が極端に減少してしまうなど、いわゆる定常状態が突然崩れるケースをもたらすことにつながるものと考えられる。

こうした考え方は、以前から経済学の中でも扱われていたものの、それほど強く意識されてこなかったものといえるだろう。

生物の個体数の分布からクレジットリスクの分布へ

では、実際の金融市場では均衡点が形成されない状況は本当に発生しているのだろうか。均衡点をフェアバリューとして考えるならば、長期的なフェアバリューのレベルを金融工学の手法を用いて推計することは可能だ。ただし、この均衡点がすべての市場参加者の見解と一致するかどうかはわからない。

2008年9月15日にリーマン・ブラザーズが破綻した後、世界の金融市場の機能は麻痺した。中央銀行がコマーシャルペーパー（企業が発行する短期の債務）を買い支えるという過去に例を見ない事態に陥った。この金融市場の動きは生物の突然変異のように急激なものであった。そうした異常な金融市場の動きを表すものの一つに、信用力（クレジット）の動向がある。図表1-8は、北米投資適格社債と信用力の高い米国債とのCDS※プレミアム※スプレッドを表している。

グラフ中のスプレッドの推移を見ると、2008年春の急拡大、そして2008年秋以降から2009年春にかけてのさらなる急拡大が注目される動向だ。いずれも短期間にスプレッドが急拡大している。スプレッドの対象となっているのは、格付け会社によって投資対象として

図表 1-8 米国債に対する北米投資適格社債の CDS スプレッド

もよいと規定される投資適格社債である。これは、一般的にデフォルトに陥る可能性が低いとされる優良企業の社債だ。

たしかに企業の倒産確率は景気悪化に伴って上昇するが、この予測はそう簡単なものではない。財務内容はもちろんのこと、自社製品の強さや競合他社の動向、金融機関や投資家との関係など多くの要素を考慮しながら倒産確率を見積もる必要がある。

実際にいざ倒産となると、リーマン・ショックがそうであったように突然、市場に衝撃が走る。今の今まで倒産は無いと考えていた投資家にとって、この衝撃はまさに寝耳に水のようなものであっただろう。

この点で、生物の個体数の分布が突然変異などの要因で、大きく上下にふれる特徴を持つことと、企業の倒産確率、つまりクレジットリスクの分布には大きな共通点があるように見える。

生物学と経済学のあいだには、意外な接点があるといってよいだろう。

※裁定機会

基本的に、割安なものを買って割高なものを売ることで、収益を狙えるチャンスのこと。

※CDS（Credit Default Swap: クレジット・デフォルト・スワップ）

債権が不履行（デフォルト：約束通り元利金が支払われない状況）に陥るリスクを取引する金融商品。たとえば、債券投資家が企業の発行する社債に投資する場合、社債の元利金に対するデフォルトリスクを回避するために金融機関とCDS契約を行う。この際、投資家は金融機関に対してプレミアム（保証料）を支払い、金融機関はCDSの参照している企業が契約の対象期間内にデフォルトした場合、契約に基づいて損失の補填を行う。この点でCDSは損害保険と類似した性格を有する金融商品である。

※プレミアムスプレッド

CDS契約において、プレミアムとは保証料を意味する。また、スプレッドとは保証料の差（たとえば社債と国債の保証料の差）である。つまり、文中の記述におけるプレミアムスプレッドとは、国債を参照するCDSに比べて社債を参照するCDSの保証料がどれくらい高いのかを示している。プレミアムスプレッドの拡大は、CDSが参照している社債等の信用力が低下して債務不履行に陥る可能性が高まっているのではないか、と市場参加者が懸念していることを示す。

〈参考〉各国のＣＤＳ保証料率（ベーシスポイント、２０１０年2月23日時点）

米国：44.84	ドイツ：43.9	日本：73.38
スペイン：128.5	トルコ：198.69	英国：87.26
ポルトガル：167.7	イタリア：124.71	ドバイ：602.97
アイルランド：144.73	ギリシア：364.3	

なおベーシスポイント（bps）とは、１／１００パーセントのことで、１％＝１００ベーシスポイント。

3

不合理な意思決定の源は脳にあり！

――神経経済学入門

1 神経経済学とは何なのか

脳機能に関する研究の進展と、行動経済学による人間の非合理な意思決定のあり方の研究とが出会い、神経経済学というジャンルが生まれた。脳機能のレベルで人間の意思決定の働きを究明し、インセンティブなどを解き明かそうというのが、神経経済学である。

非合理なのは「脳」？

ここ数年注目を集めている分野の一つに、神経経済学（ニューロエコノミクス）がある。さまざまな研究により、脳への理解が急速に進んでいく中で生まれてきた動きである。

伝統的な経済学理論では、市場は効率的であり、人間は合理的に意思決定を下す存在として考えられてきた。行動ファイナンスや行動経済学では、この前提に疑問をもち、私たちの心理に着目することによって実際の意思決定の非合理的な側面や市場の非効率的なあり方を追求しようとした。

この非合理性や非効率性を追求していく中で、心の働きは、突き詰めて考えると脳に通じているという発想で生み出されたのが、「神経経済学」である。つまり、伝統的な経済理論が実際の状況から乖離していることを指摘したのが行動系の理論であり、その原因が脳の働きにあるということを突き止めようとしているのが神経経済学と考えるとわかりやすい。

「脳への刺激」が意思決定を司る

脳の機能に着目する場合、情報は脳にとっての「刺激」であると考えるとわかりやすい。資本主義という社会システムの中で、私たちはさまざまな経済活動を通して付加価値を創造することを求められている。同時に、すべての経済主体は究極的には自分自身の「効用」を高めることを最大のインセンティブとしている。

富に対する欲求などはまさにその通りである。バブルの崩壊による市場機能の麻痺や景気後退などの負の側面がいかに大きいものであるかは、多くの投資家が経験、あるいは書物などを通した学習によって認識しているはずだ。にもかかわらず、私たちは1980年代後半の日本での資産バブル、1990年代後半から2000年代初頭にかけての米国でのITバブル、その後の住宅バブルと何度もバブルという市場の失敗を繰り返してきている。これは、私たちが常に富を求める行動の「副産物」に他ならない。この富への欲求は私たちの心理、あるいは私たちの脳の中に常に存在する因子と考えられよう。

伝統的な経済学の理論では、「私たちの中に潜在的に存在する因子は何なのか」を分析の対象とはしてこなかった。そこで対象とされたのは効率性を前提として構築されたモデルの中で、経済主体の意思決定の結果としてどのような状況が発生するかであった。裏を返せば、行動ファイナンスや行動経済学、そして神経経済学は潜在的に富を欲している因子（＝人間の欲求、インセンティブ）を解明しようとする試みであるといえる。

神経経済学は、まだ新しい領域であり、今後、経済学の一部としてどのように活用されていくのかについては、不透明な部分も多い。しかし、脳の働きが経済活動にどのように影響しているのかを解明することは、今後の行動ファイナンスや行動経済学の発展、そして、伝統的経済学の理論が抱えてきた課題を解明することにも大きく貢献するだろう。

2 神経科学と経済学の意外な関係

神経経済学は、神経科学のみならず、行動生態学やゲーム理論とともに発展してきた。その結果、感情の働きの重大性が解き明かされようとしている。

神経経済学の起源を知る

神経経済学の目的は、基本的には行動を起こす際の脳の働きを解明することにある。伝統的な経済学理論の創始者であるアダム・スミスは、市場では神の見えざる手に導かれて、需要と供給が均衡すると考えた。そして伝統的な経済学理論はこの均衡点を分析すべく、多様なモデルを構築し、効率的な市場を前提として分析を行ってきた。これに対して神経経済学は、均衡の以前にあるインセンティブ——私たちの脳が何に基づいて意思決定しているのか——を根源的に解明しようとする考え方である。

神経経済学の起源は、1950年代の行動生態学者の研究にまでさかのぼることができる。

当時、多くの研究者たちは、最適な行動のあり方を示すための定量モデルを開発することに取り組んでいた。そのモデルを用いて動物の行動を理解しようとしたのである。

この初期段階の研究者たちは、動物の行動様式を確率的に記述することによってのみ、不確実性のある環境での最適な行動が見出せると考えた。そして、彼らは、経済学が行ってきた仮定や定式化を採用して、動物の行動を分析しようとしていった。つまり、当時の研究者は、伝統的経済学理論を用いることによって生物の行動を分析しようと努めていたのである。この発想を展開させることによって、行動生態学者は、より効率的に食物を獲得している生物が、相対的にその確保能力の劣る生物に比べて、高い適応性を持つという考えを構築していった。

伝統的な経済学理論は、市場経済への参加者がどのように合理的に行動するかというテーマを扱う社会科学の分野であったため、個々の動物の行動様式をとりまとめてそのパターンを見出そうとする行動生態学者にとって有益なツールとなったのだ。

意思決定研究と脳機能研究との出会い

その後、行動の分析は、実際の意思決定において脳がどのような働きを示すのかといった、より根源的なテーマを追求していくことになる。行動、つまり私たちが、自分自身の外側にある対象に対して何らかの働きかけを行うとき、その行動からどういう印象や経験を獲得するかはまさに未知である。また神経学者は、その行動に際しては、反射を除いて、主体的な意識が関与しているはずだと考えてきた。

そして、私たちの行動を見る上で、神経経済学者は多くの実験を行っている。たとえば、動物を使った実験において信号の動きと報酬に対して、ニューロン（神経細胞）がどのように反応するかという脳の機能の分析が行われている。これには、ｆＭＲＩ（functional Magnetic Resonance Imaging：機能的磁気共鳴画像法）といった「脳の活動を視る」ことを可能にする技術の発展も貢献している。

こうした脳の活動の分析の進展によって、わたしたちが日常的に抱く感情（喜怒哀楽）とそれへの反応としての行動がどのように現れるのかという分析へと発展している。この流れの中で、生物の経済的行動（戦略的、かつ効率的に利得を高めようとする行動）と、そこに介在する感情、それを司る脳の働きを体系的に分析することが進んでいる。

こうした知見が経済学へもたらす影響は、未知の部分も多いものの、その可能性は計り知れないものがある。これこそ、神経経済学が注目されるゆえんなのだ。

3　すべての意思決定は「脳」に通ずる

ドーパミンなどの脳内物質の分泌を解明することによって、意思決定についての包括的な理解が進むのではないかと期待されている。

脳内物質ドーパミン

神経経済学の導入の過程について述べてきたが、脳と心理、そして経済的な効率性の問題が相互に関連していることは、理解していただけたのではないだろうか。意思決定は、人間の思考を司る脳の働きに従って行われ、その経験の結果としての心理的要因（喜びなど）の存在が、さらなる行動を喚起するのである。

投資行動と脳内物質の関係がわかれば、バブルに対する研究もより高度なものになると期待される。金融市場でのバブル発生に関して、投資家は、上昇局面にうまく乗ることができれば、大きな投資収益を上げることができる半面、高値づかみをしてしまうと、バブル崩壊後の相場急落とともに多くの資産を失う可能性がある。リーマン・ショックに関しても、同様のことが指摘できる。多くの投資家は、ベアースターンズの救済に続いて、リーマン・ブラザーズも救済されると考えていた。結果は、投資家の目論見を裏切る展開となった。その後の市場環境混乱の中で、多くの投資家は流動性の枯渇に直面し、なぜこういうことになってしまったのかという後悔の念にさいなまれたことだろう。

なぜ、こうした後悔の念を多くの投資家は経験してしまうのだろう。一つ考えられるのは、そこに脳の働きが介在していることだ。たとえば、株式市場が上昇基調をたどり始めたとき、情報に敏感な投資家はすでに投資を行っているだろう。上昇基調が鮮明になるにつれて、多くの投資家が株式市場に資金を投下する。そうなると、各種の投資レポートや証券会社のリサーチペーパーにも、「今回の相場は長期的に上昇する」、「大幅上昇間違いなし」、といった強気の見出しが目立つようになる。株価は上昇し、より強気ムードを高めていく相場では投資家は、徐々に投資収益を獲得できているという快感を覚えていく。この快感とは、１００万円投資したところ20万円も儲かったという喜びだ。このとき投資家のスタンスは、株式投資にはリスクが伴うという不確実性に対応するための「対応行動」から、より株式投資から大きなリターンを得ようとする「最大化行動」を重視するようになる。そして、投資家の意思決定においてはドーパミンが動機づけに影響していると考えられる。

脳内神経細胞の活動量は、ドーパミンの分泌とともに増加しており、ドーパミンは脳内物質、つまり、私たちが体を動かしたり快楽を覚えるときに信号を伝達する分泌物である。私たちが学習や日々の仕事に対して意欲を感じる際、ドーパミンが分泌される。つまり、ドーパミンは私たちが何かをしたいという欲求を感じる際に分泌され、意思決定に影響を与える存在だと考えられているのだ。

脳は効用を最大化しようとしている!

問題は、こうしたドーパミンなどの分泌は、投資家自身が確認できない変化であることだ。もし、ドーパミンが分泌され始め、それに呼応するように投資家のリスクに対する姿勢に変化が現れることを明確に自覚することができれば、バブルに対する姿勢は違ったものになるのかもしれない。その場合は、バブルのさなかで周囲の行動につられて動いてしまい、その結果として痛手を被る確率を低下させることも可能になるだろう。

多くの場合、私たちは株価の変動を株価グラフの上昇という形で認識する。つまり、株価の上昇を眼で追うという感覚運動が、「株価の上昇」を認知する第一歩となる。この認知は脳で行われる。次に、効用の大きさを考慮して、行動が決められる。つまり意思決定が行われる。

認知、考慮・分析、そして意思決定という一連の流れは、脳で営まれる知的作業であり、私たちのすべての行動は、意識的か無意識的かを問わず、脳に依拠している。この感覚運動をどのようにして脳神経が判断しようとしているのか。今日、その点が神経経済学の大きなテーマとなっている。

この問題を解明すべく、今までさまざまな実験が行われてきた。現在、こうした実験から得られた観察の一部は、ゲーム理論との融合が図られている。脳が効用を最大化させるべく信号を発する中で、実際に経済主体がどういった意思決定を下すか、ということをより包括的に分析しようとする試みが進んでいる。

4 もはや大脳生理学？ 神経経済学は経済学といえるのか

現段階では、神経経済学は経済学ではなく大脳生理学の延長線上にあると取られても不思議ではない。①脳の機能と意思決定のつながりをはっきりさせる、②時間軸を明確にする、の２つの課題をクリアして、より精度を高めていくことが必要である。

経済学者としての反省

脳の機能に対する研究の進展が、経済学の分野に新しいアプローチをもたらしたことは間違いない。特に大脳生理学の進展は、私たちが何らかの情報に対してどのように学習を行っているのかという、脳の中での情報処理の方法を解明することに貢献するだろう。それは、今後の市場制度の模索や規制等を考えていく上で有用な材料となるはずだ。

その一方で、経済学者として、脳の働きについて、どこまで、あるいはどのように接していくべきなのかについては疑問が残る。つまり、神経経済学が、経済事象の解明に対してどのような普遍性がある理論を提供できるのかという点での不透明さは、解決されてはいない。なぜならば、脳の機能に関しては、体系だって経済事象を分析するまでには至っていないからだ。脳の研究は今後も進展していくが、その中で経済学者がどのように研究に参画していくのか、明確な道程は定まっていないというのが本音だろう。

現在、神経経済学の研究の過程は、ある状況下で市場参加者の脳がどのように反応し、どういった意思決定を行うかといった実証研究が中心になっているように見える。いわば、Aの実験、Bの実験……というように実験結果を紹介することが中心になっており、現在の神経経済学の実態は各実験のパッチワークではないか、との辛口の見方もあることは確かだ。ただ、そうした研究成果が、今後、行動ファイナンスや行動経済学と結びつくことによって、新たな知見を提供する期待は高い。

神経経済学、2つの課題

ただ、脳の機能に着目した神経経済学の学問分野は、まだ始まったばかりといえる。その証拠に、今日出版されている神経経済学の書籍などに目を通すと、医学分野のバックグラウンドを持つ研究者の業績であるものがかなり多い。研究によっては、大脳生理学等の延長線と映るケースもないではない。結果として、今日の神経経済学は、「経済学の一部」なのかあるいは「大脳生理学そのもの」なのか、領域がはっきりとしていないのも事実だ。

神経経済学として経済事象を分析の対象としていく以上、経済学者がより積極的にこの分野の研究に発言を行っていく必要があるだろう。そのためには、次のような取り組みが必要になるのではないだろうか。

①脳の機能と意思決定がどのようにつながっているのか、というプロセスを明確化する

脳の機能が意思決定の中でどのような役割を担っているのか、そのプロセスが解明されれば、神経経済学を使って人間の意思決定を包括的に解明することが可能となるだろう。

②意思決定の時間軸を明確化する

意思決定においては、短・中・長期のどのゾーンの中で効用を最大化しようとするのかによって予測の難易度が大きく異なる。一般的には短期の予測の方が長期の予測よりも困難だ。このとき、リスクのとり方に大きな違いが現れると考えられる。短期間で収益の極大化を狙う場合、過剰にリスクを取ってしまう可能性が高まる。短期あるいは中長期の時間軸によって、私たちの意思決定がどのような影響を受けるのか、そしてそのときの脳の働きはどのようになるのかを解明する必要がある。こうした時間軸に対する脳の機能を解明することができれば、経済活動における脳の働きをより明確に分析できるだろう。

神経経済学の発展は、アダム・スミスが「神の手」と称した市場機能をよりわかりやすくとらえるツールとなる可能性を秘めている。そのためには、どこまでが神経経済学という経済学の分野で、どこからが脳の機能に着目した大脳生理学等の分野であるのか、その線引きを明確にしていくことが必要だ。

第2章

なぜ合理的に決められないのか？

——損失を恐れてダマされる心

1

「プロスペクト理論」

――人間の「価値」の測り方を理論化する

1

非合理な意思決定①
——プロスペクト理論と価値関数

行動経済学の中核をなす「プロスペクト理論」を用いることで、「損失回避的傾向」、「鏡映効果」という伝統経済学ではアノマリーとして扱われてきた問題の説明が可能になった。

非合理的な意思決定を解明する

行動ファイナンスの根幹をなす理論が、「プロスペクト理論」である。この理論の最大の特徴は、人々の実際の行動を説明する、現実に近い理論だということだ。これによって、人間の合理性を前提にする伝統的理論では説明が困難な事象を分析することができるようになる。そして、実際の行動を説明するために人間の「価値」の感じ方の理論化、数値化が可能になった。

提唱者であるカーネマンとトベルスキーが得た結論の一つを記すとこのようになる。「人々の意思決定のもとになる価値は、特定の状態からの変化、つまりリファレンス・ポイント（参照点ともいう）から離れることで発生するメリット（効用・利益）やデメリット（損失）に、大きく依存する」。

二人がその過程で考え出したのが、「価値関数」を中心とした理論である。これは、ある事象が起こったとき、そこに人がどれだけの価値を見出すかを示すものだ。私たちが意思決定を行う場合、「それを選択することによって、どれだけの価値が得られるか」が最も重要な要素になっている。つまり、その価値に基づいて、意思決定を行っているということになる。価値関数とは、「意思決定者が受ける利益・損失を、意思決定者の主観的な価値（グラフ上のV）に対応させた関数」ということになる（図表2－1参照）。

価値関数の形状は、判断の基準となるリファレンス・ポイントを中心にしており、その点からの位置関係、距離によって主観的な価値を表現している。

「損失」への考察

また価値関数は、意思決定者が損失を被るマイナスの領域にも展開していることが注目されよう。この損失領域では、伝統的な期待効用理論では説明できないリスクの高い意思決定のプロセスを、リファレンス・ポイントを基準にして、価値関数で説明することが可能になっている。

このグラフを用いて、なぜこの理論が経済学に革命的な影響を与えたのかを考えてみよう。

図表 2-1 価値関数

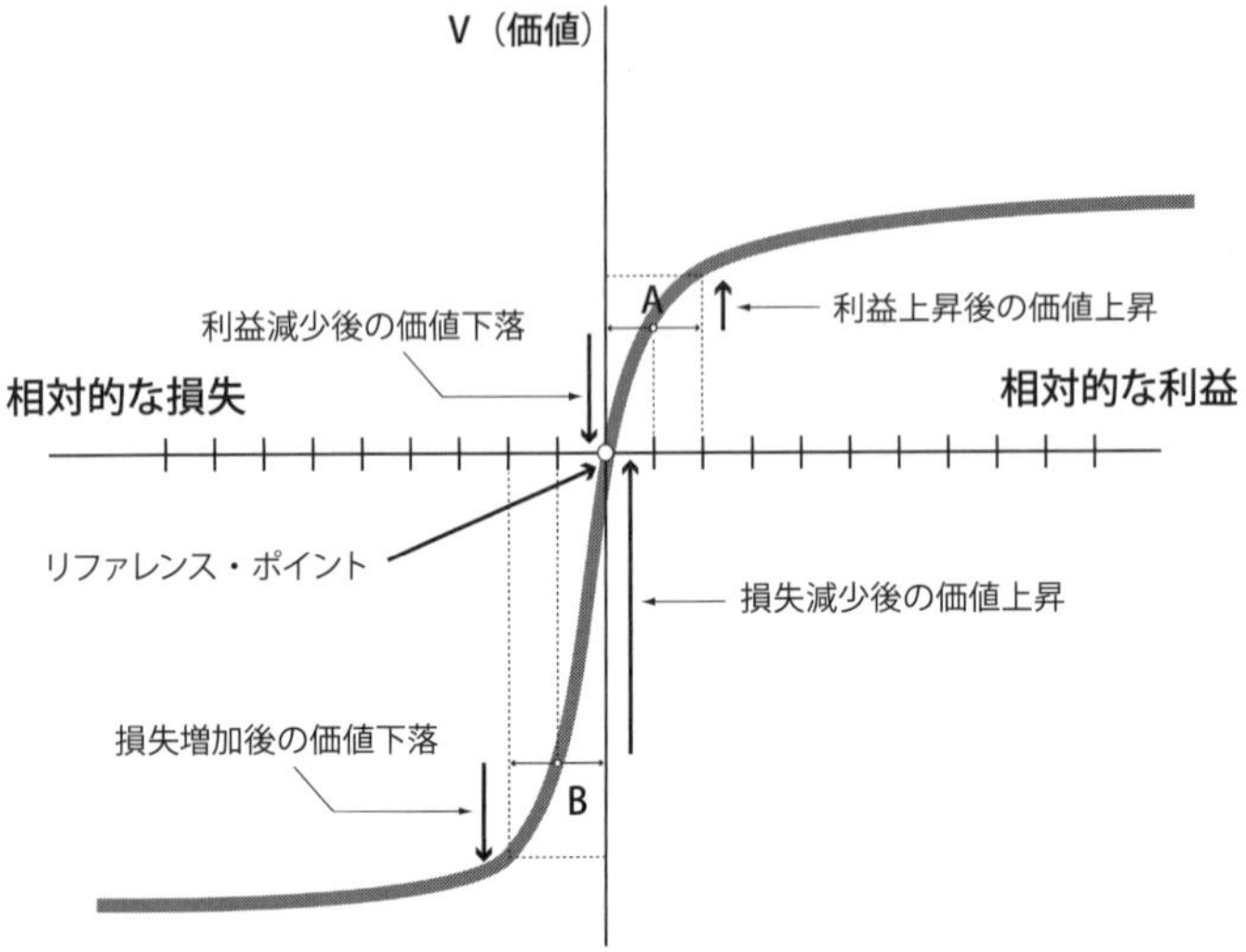

グラフ中のAのポイントでは、すでに利益が出ている。このとき、利益をさらにもう1単位増やすことによる「価値の上昇」は、リファレンス・ポイントから1単位利益を増やしたときほどは大きくない。

一方、点Aから1単位利益が減少し、リファレンス・ポイントの水準まで戻ることは、大幅な「価値の下落」を意味する。

二つの例を考えると、さらなる利益の拡大を目指して、結果的に大幅な価値下落を引き起こすよりは、実際に発生している利益で我慢して、それを確定することによって現在の価値を維持する方が、魅力的に思えないだろうか。

次にポイントBを見てみよう。損失が発生している状態だ。このとき、その状態を維持したまま、さらに1単位損失を増やすことは、損失に対する感じ方がやや鈍くなる(感応度逓減という)ため、リファレンス・ポイントから1単位損失を増やして点Bに到達したときほど、大きな価値下落は引き起こさない(ネガティブな心理的ショックが薄れている)。

一方、1単位損失が減少してリファレンス・ポイントまで戻ることは、大幅な価値上昇を意味する。

これらの2つのケースを考えると、人は、「リスクを負ってでも、現状を維持して事態の改善を待った方が賢明だと思いがち」であることがわかるだろう。これは、行動ファイナンスでは「気質効果」(112ページ参照)と呼ばれるコンセプトだ。

価値関数と、2つのおかしな意思決定

こうした価値関数を想定することで開けた展望は広い。たとえば、仮想実験や現実の経済活動の中で観察される次の二つの非合理的な意思決定を、整合的に説明することが可能となった。これは、伝統的経済学があきらめていたアノマリーの説明につながる快挙だったのだ。

①損失回避的傾向

一般的に、人々の利益と損失に対する態度を比較すると、同程度の利益よりも、損失の方を

相対的に大きく評価しがちである。

②鏡映効果

意思決定者は、利益が出ている局面ではリスク回避的になる（現状の利益で満足する）一方、損失が出ているときは、リスク許容度が拡大し、リスク愛好的に行動する（リスクをとってでも事態の改善を待つ）傾向がある。あるいは、利益の出ている局面から損失の局面に移行すると、意思決定の仕方は大きな違いを見せる。

2 損失と利益は非対称——価値関数

プロスペクト理論で中心的な役割を果たすものが「価値関数」である。ここで重要なのは、利益だけではなく、損失が発生したときの心理状況を十分に説明し得ることである。

リファレンス・ポイントで「非対称」な心を読み解く

伝統的な理論を価値関数に当てはめてみると、プラスの価値が生じた場合(リファレンス・ポイントより右側)を主に考えてきた、とみなせるだろう。だが実際には、投資した株式が値下がりして損失が発生することは、十分想定されることだ。それゆえ、プロスペクト理論がマイナスの価値の領域(リファレンス・ポイントから左側)も考えて価値関数を作っていることは、とても重要な特徴である。なぜなら、リファレンス・ポイントからの位置関係、距離によって、主観的な価値を表現することができるからだ。

たとえば特定の株式を1000円で購入した後、その株が1200円に値上がりしたとすれば、絶対値で「200円の価値」が発生していることになる。逆に、1000円で買った株が700円に値下がりすると、同じく絶対値では「マイナス300円の価値（=損失）」が出ていることになる。

ところが、自分が感じる価値は、必ずしも絶対値のプラスマイナスと同じではない。400円儲かったときの〝喜び〟は、200円儲かったときの〝喜び〟の二倍だとは、必ずしもいえないからだ。一般的に、儲かった額が大きくなっていっても、その〝喜び〟は次第に逓減するといわれている。また、200円を儲けたときの〝喜び〟と、同じ200円を損したときの〝悲しみ〟は同じではないという結果も出ている。

これらから、価値関数に関して次の法則が見えてくる。つまり、

「意思決定はリファレンス・ポイントからの距離に依存する」

利益、損失に直面した際、私たちは主観によって形成されたリファレンス・ポイントを基点として、そこからの乖離によって得られる「喜び（=効用）」をもとに意思決定を行っているのだ。

図表 2-2 株価の変動とリファレンス・ポイント

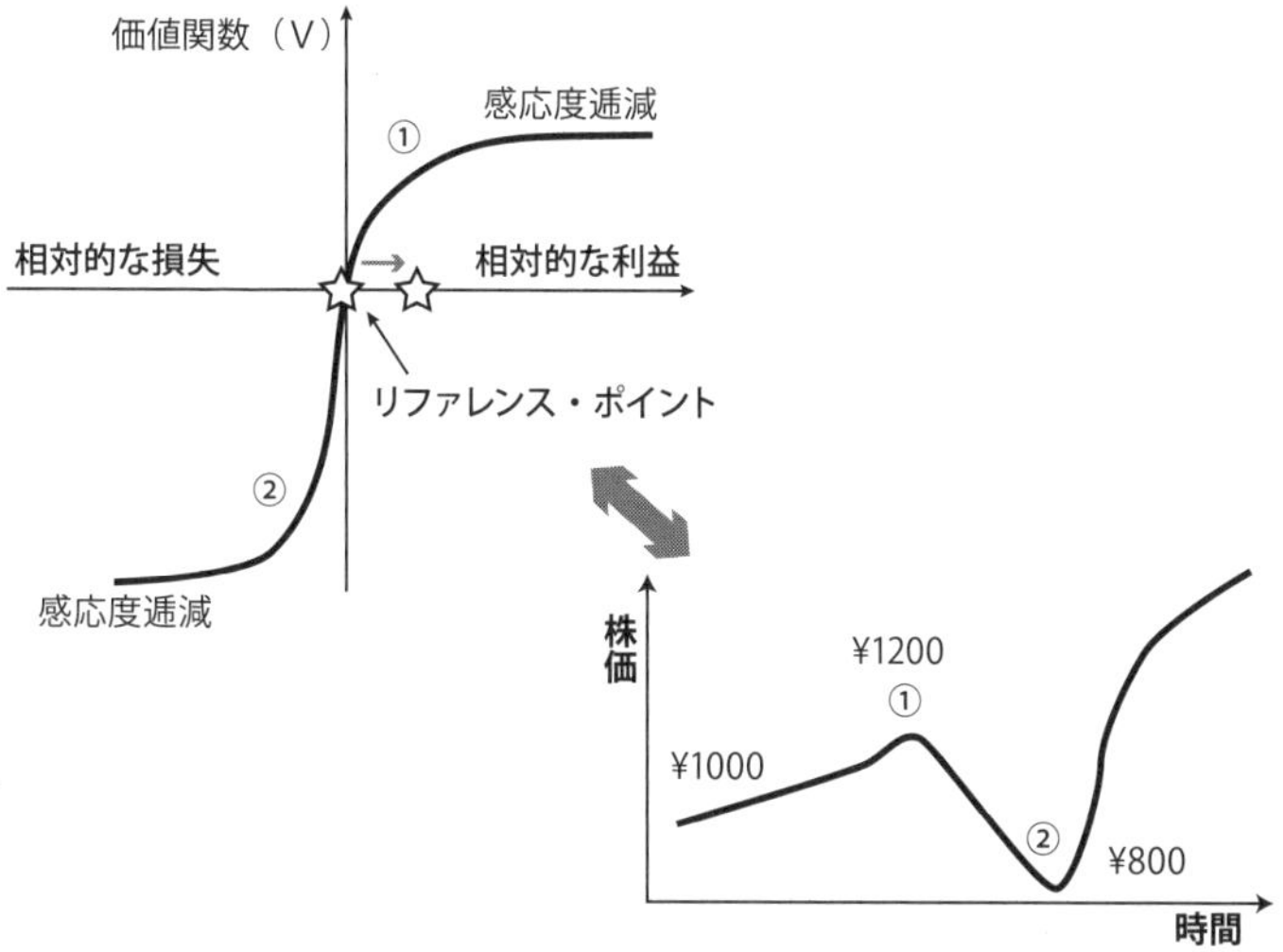

価値関数は、「主観」を反映する

ここで先の例にならって、ある株式を1000円で購入したとしよう。

リファレンス・ポイントは、購入した価格の1000円である。①の局面では200円の含み益、つまり、心理的にプラスの価値が発生したことになる。一方、株価が1200円から②の800円に下落したときはどうか。損失が出ているため、当然、心理的にもマイナスの価値が発生していることになる。基本的に投資家は、そこで発生している価値に基づいて行動することになるはずだ。200円のプラスの価値が出ているとき、それをさらに増やそうと思えば、当該株式を売却せずに保有を続けることになるだろう。

逆に、マイナスの価値が出ていても、いずれ株価が上がって、プラスの価値に転換すると思えば保有を続けるはずだ。あるいは、発生してしまったマイナスの価値に耐えられない場合には、株式を売却することになる。

ここで注意が必要なことは、次頁で見る通り、リファレンス・ポイントは変動する可能性があるという問題だ。たとえば、200円の利益が出たとき、200円のプラスの価値をすでに織り込んでしまい、さらに利益が出るまで待つことを考えるかもしれない。その場合には、株価1000円から1200円にリファレンス・ポイントが変わることが考えられる。このように、**リファレンス・ポイントは、その状況における投資家の「主観的判断」によって変動する。**

さらに、投資家が主観的に感じる効用の大きさによって、意思決定が変わることも想定される。これだけを考えても、「主観的判断に依存した投資家によって構成される金融市場」が合理的だとは考えにくいはずだ。

3 「心の基準」はどうして当てにならないのか？

――リファレンス・ポイントの移動

リファレンス・ポイントは主観を反映する。つまり、個人の考え方一つでいかようにも変わってしまう。適切な意思決定のためには、今どこに自分のリファレンス・ポイントがあるのかを把握しておく必要がある。

今日と明日とで変わる基準

プロスペクト理論の考え方を展開する上で重要なのが、「リファレンス・ポイントの移動」である。

年末年始にタクシー乗り場に並ぶことを考えてみよう。すると、通常よりも長い待ち時間にストレスを感じる人は多いのではないだろうか。常日頃であれば、タクシー乗り場に長蛇の列ができている可能性は低く、列ができていたとしても幹線道路を走っているタクシーに向かって手を挙げれば、比較的簡単にタクシーを捕まえることができるはずだ。この場合、タクシーの利用者にとってタクシーに乗るために費やさなければならない時間は短くて済む。

仮に、日常的に平均して5分ほどの時間があればタクシーを捕まえることができるとしよう。それが、年末年始の、特に深夜近くになると、駅前のロータリーに長蛇の列ができタクシーに乗るまでに30分ほど待たなければならないケースがある。こうなると、日常的にタクシーを捕まえるのに要する時間の「5分」がリファレンス・ポイントとして機能することになり、通常に比べて長い時間が必要であるというストレスを私たちは感じてしまう。

反対に、タクシーを年末年始にのみ使う人がいたとすれば、30分という待ち時間が基準になっている可能性が高く、日常的にタクシーを利用している人と比べて感じるストレスは小さいものになるだろう。

リファレンス・ポイントとは、日本語では「参照点」と訳される。その意味は、ある人が、物事の認識や評価を行うときに使う基準ということだ。それぞれの人が、どれだけの価値を見出すかは、その人の主観の問題。ある人にとってはとても高い価値を見出すものがあったとしても、他の人には、それほど高い価値はない、ということは十分起こり得ることだ。

また、欲しくて欲しくてたまらなかったものでも、実際に買ってしまう、あるいはいくつも手に入れることで徐々にその嬉しさが薄らいでしまうのもよくある話だ。そしてこの価値を測るときの基準になるのが、リファレンス・ポイントなのだ。リファレンス・ポイントの出発点は、価値関数の原点、つまりゼロである点である。わかりやすくいえば、いくつも手に入ってリファレンス・ポイントから離れていくことで、「ありがたみ」が相対的に減少する、というわけだ。リファレンス・ポイントからの距離によって、主観的な価値が決まる。

富への執着が「リファレンス・ポイント」を動かす

ある株式を1000円で購入したとしよう(この場合、投資家のリファレンス・ポイントは1000円)。また、投資開始時、この投資家は目標株価を1500円に設定していたとしよう。さて、うまく見通しが的中し株価は順調に上昇、当初の目標株価である1500円に到達。このとき投資家は、周囲の状況を見て今後の戦略を決定するのだが、周囲の様相がどうも強気一辺倒なので、まだまだ株価の上昇はあると期待して2000円まで上昇するだろうと新たな見通しを立てた。このとき、リファレンス・ポイントは1500円にまで移動する。

すると、仮に株価が下落して1300円になったとき、この投資家はどのような反応を示すだろうか。当初のリファレンス・ポイント、1000円から見た場合、1300円の水準は十分に投資収益を獲得できる水準である。だがこの投資家のリファレンス・ポイントはすでに

1500円に移動しており、この新しいリファレンス・ポイントで自身の投資成績を評価することになる。よって、新しいリファレンス・ポイントである1500円を基準にして投資成績を評価すると、1300円ではマイナス200円の成績となり、投資家は損切りを行うか、そのまま株価の回復を待つことになる。このように人間が意識するリファレンス・ポイントは、その人の考え方一つで変化するのだ。

こうした現象から、二つの大切な「教訓」を導き出すことができる。一つは、私たちの心の中の「富に執着する心理」にむやみに執着してはいけない、ということ。少しでも儲かると、その儲けを大きくしようという心理が働くが、多くの場合それはよい結果を生まないこともあるだろう。

もう一つの教訓は、リファレンス・ポイントの存在をしっかり意識するということ。リファレンス・ポイントがはっきりしないと、価値関数を描くことができない。ということは、特定の商品に対して、一体いくらの対価を払うことが適正なのかの判断ができなくなってしまう。これは、そのときの気まぐれで買い物をしてしまうことへとつながってしまうため、お金がいくらあっても足りないということになりかねない。このように、リファレンス・ポイントは、私たちの日常の生活の中でも十分に利用することのできるツールなのだ。

4 とにかく損はしたくない！
――損失回避

人間は、損失を確定してしまうのを恐れ、それを避けようとする。これは、意思決定のあり方にも影響を及ぼす。リファレンス・ポイントに対して損失局面にいるのかどうかを把握することは、とても重要である。

損失の悲しみは利益の喜びよりも大きい

プロスペクト理論では、損失局面にある状況の方が、評価益を出している状況に比べてリスク許容度が高まることが知られている。これは、投資家はプラスの利益に直面すると急いで売却して利益を確定させてしまおうとする側面を持っていることを示している。

図表2‐1（90ページ）の価値関数の「勾配（グラフの傾き）の変化」に着目してほしい。利益が出ている状況では損失局面に比べていち早く感応度の逓減が表れている。これは、投資

家が利益に対して早急な確定を行ってしまうことを示している。

また、前述の通り、同額の損失と利益に対して私たちが感じる心理的ストレスは、損失の方が相対的に大きなインパクトをもたらすことが示されている。そして、損失で自己資金を目減りさせてしまうことに大きな悲しみを感じるのは誰しも同じだろう。

一方、利益の評価に関しては多くの場合、投資家は上昇した水準から再び価格が下落して、損失を抱える局面に陥ってしまうことを嫌う傾向にある。このために、利益の確定タイミングが早くなる傾向にあると考えられる。保有している金融商品を売却すること以外で、将来に対する不確実性から逃れることはできないとはいえ、この行動は将来的な価格上昇の（すなわち儲けの）可能性も排除してしまうことになるのだが、それでも人は損失を避けたがる存在なのだ。

また、損失局面では実現損（保有金融商品を売却して損失を確定すること）が発生することを嫌うがゆえに、損切りすることをためらいがちになる。もちろん、自分自身の見方は絶対的に正しく、株価はこんなに低い状態で収まっているはずがないという思い込みのもとにポジ※ションをキープしてしまう場合もある。

利益、損失とリスク許容度の関係

プロスペクト理論では、損失局面において投資家はよりリスク愛好的になる。これは、損を抱えた状況からなんとか脱したいのだけれども、実現損を出してしまうことを恐れるがあまりに動こうにも動けないという投資家心理を表現しているといえるだろう。

利益をいかに拡大させることができるのか、あるいは損失幅をいかに小さく抑えることができるのかという問題は、投資において永遠の課題である。リスク管理の理論も、過剰なリスクをとりすぎていないか、意図せざるリスクを抱え込んでいないかということを分析する上で重要な視座となる。こうした点が重要であることに異論の余地はない。

ただ、重要なのは、いかにシンプルにわかりやすくその時々の状況を把握していけるかという点だ。**人間心理は、リファレンス・ポイントの移動に伴って、リスク許容度が急に上昇したり落ち込んだりと、必ずしも論理性のない伸縮を示す可能性を持っている**。さらには、今後の経済全体が上向きなのか、下向きなのかという根本的なベクトルを把握し、状況の変化に伴う心理状況の変化を想定することも重要である。特に個人投資家が運用を行う場合、その資金は将来への準備資金であるケースが多く、余裕資金のみを運用に回しているというケースは少ない。この点で、利食い、損切りのタイミングを入念に考えておく必要性は高い。

プロスペクト理論にある利益・損失の各局面でのリスクに対する反応の変化と、利益の確定、損失の実現という行動を起こすタイミングの問題は、リスクリターンの点からも見逃すことはできない。過剰にリスクを取っている場合、不確実性も高くなってしまう。このために、拙速な意思決定を行うリスクも高まる。投資を含めた経済活動全般において、資金を投下する対象が内包するリスクと、リファレンス・ポイントの移動に伴う経済主体自身の意思決定の根拠の不安定さというリスクを確認する重要性は高い。

※ポジション（ファイナンス用語としての意味）

運用者がリターンを獲得するために、どれだけの株式、債券、為替などの金融商品を購入しているかを、ファイナンスの現場では総じてポジションと呼ぶ。

5 非合理な意思決定②
——プロスペクト理論と「決定の重みづけ」

人間は感覚によって、小さな確率を過大評価し、大きな確率を過小評価しがちだ。その「歪み」は、「決定の重みづけ」と呼ばれている。さらに、利益の出る局面と損失の出る局面では、重みづけに差があることもわかっている。

プロスペクト理論では、意思決定を行なう際に頭の中で計算する確率は、意思決定者の主観に基づく「重みづけ」がなされていると仮定している。この重みづけは「決定の重みづけ(Decision Weight)」と呼ばれている。正確に記すと、「確率に対する評価は客観的に得られる数字通りではなく、主観的な評価で修正される」となる。これは、価値関数と並ぶ重要なポイントである。

決定の重みづけは、図に示すとわかりやすい。以下、図表2-3を見ながら読み進めていただきたい。グラフの横軸は客観的な確率、縦軸は決定の重み、つまり主観的な評価で修正された確率となっている。なお、確率は百分率ではなく0~1の間で表されている。傾き45度の直

図表 2-3 決定の重みづけ

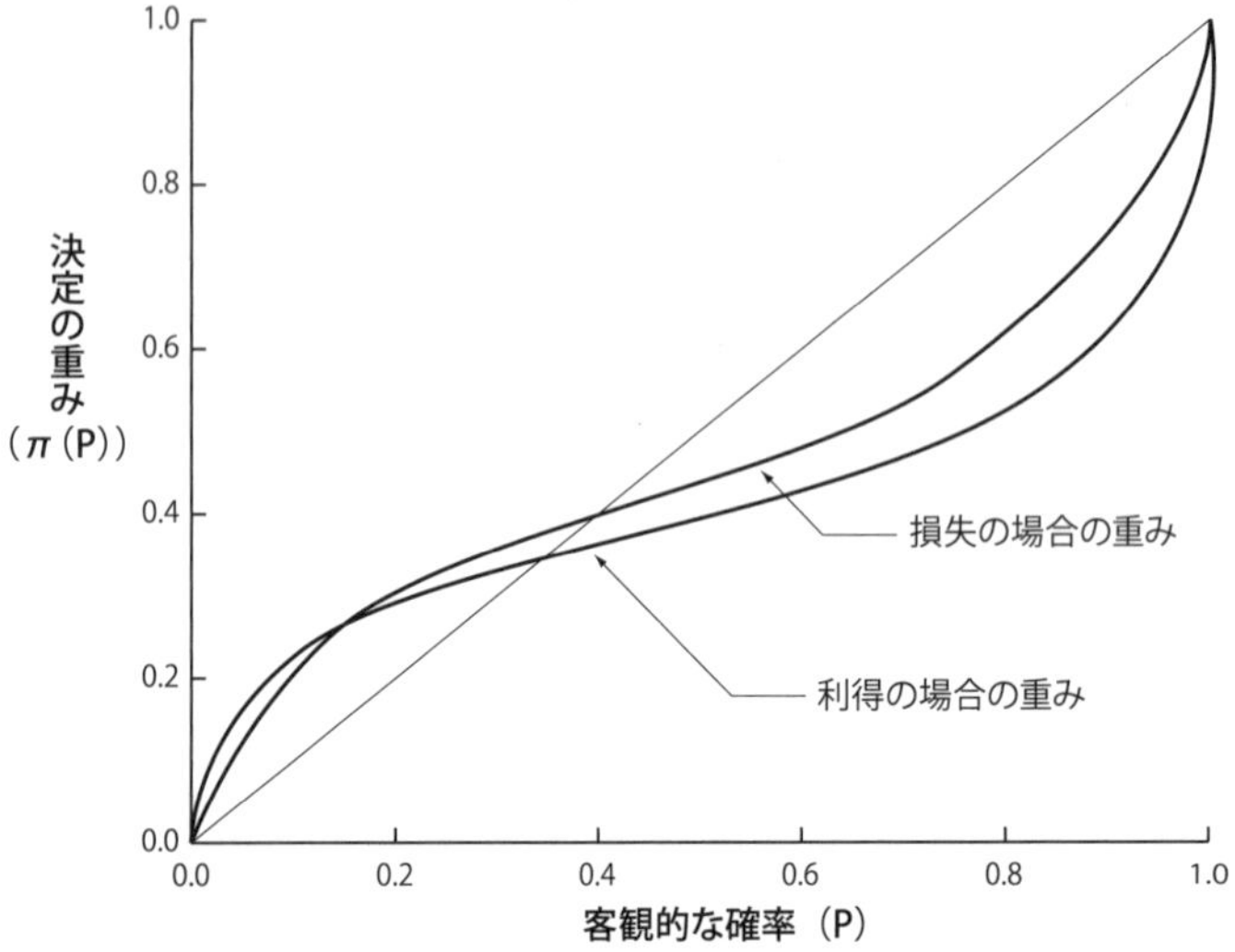

線が、「歪み」のない、言うなれば「合理的な重みづけ」である。プロスペクト理論では、実際の意思決定者による重みづけが、図の曲線のように歪められていると考える。

カーネマンとトベルスキーが考える重みづけの全体的傾向を見ると、小さな確率が過大評価され、大きな確率のときは過小評価されていることがわかる。これらは、当選確率がほとんど0％に近い宝くじに対して相対的に大きな期待をしたり、選挙の候補者が、80％の確率で当選する選挙に不安を感じるという心理的傾向を反映しているといえるだろう。このように私たちの生活を振り返ってみると、思い当たることが数多くあるのではないだろうか。人間には、低い確率を高く見がちで、高い確率を低く見がちという気質がありそうだ。

またグラフをよく見ると、損失の出る確率と、利益の出る確率を考える際には少し違いがあることがわかるだろう。二種類の曲線に注目してほしい。損が出る場合は小さな確率のときにより敏感である一方、大きな確率では過小評価の度合いが少なくなっている。逆に、利益が出る場合は、小さな確率の過大評価が少ない一方、大きな確率の過小評価が大きくなっている。

これらは、いずれも理論的には非合理的な行動と考えられるものの、実際の生活の中では、十分に起こり得る事例だ。決定の重みづけは、線形の直線モデルではなく、図表2－3に示されるようにS字型の非線形モデルで表される。これがプロスペクト理論の重要な特徴の一つである。

6 意思決定はここまで歪む
――価値関数と決定の重みづけの融合

私たちは、一見したところ発生確率の低い事象に過度に期待をもち、一方、発生確率の高い事象を心配しがちだ。つまり、主観的判断によって事象が起こる確率を歪めてしまうのである。

今、手元に100万円あると想像してほしい。その使い道については、株式投資、投資信託、保険商品、あるいは自動車の購入、豪華な食事など数多くの選択肢があるが、最もリスクの低い商品のひとつである貯金と、高額当選の確率は極めて低い宝くじの2つが残っているとしよう。宝くじに当選すれば億万長者は間違いなしだ。このとき、儲かったときの喜びを考えるだけで嬉しくなってしまい、合理的に考えれば発生確率が低いとわかる選択肢を選んでしまうことはないだろうか。このようなとき、「主観的な」発生確率の測定やその実現への「主観的な」期待が作用している。これこそが決定の重みづけのコアとなる考えだ。

ではここで、決定の重みづけと価値関数を融合させて、不確実な環境下での意思決定のあり

図表 2-4　100万円の使い道

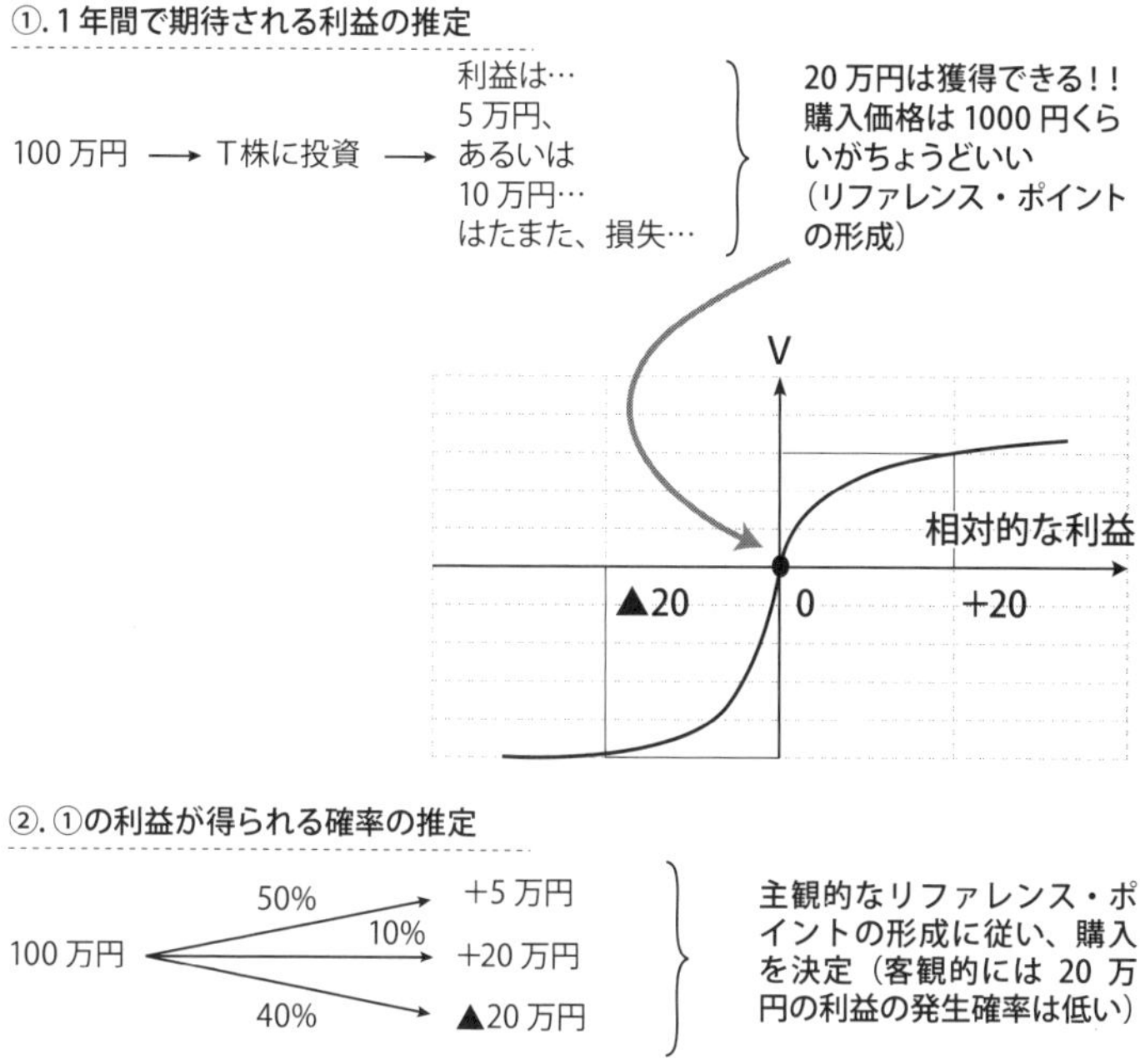

【参考】合理的判断での期待値：(50%×5万円)＋(10%×20万円)＋(40%×▲20万円)＝▲3.5万円

方を考えてみよう。あなたは今、図表2-4の例と同じ条件で、手元にある100万円を株式に投資しようと考えている。

まず投資家は、たとえば1年間でどれだけの利益を獲得できるかを予想する。この予想にはROE等の各財務指標など客観的データも活用されるが、「これくらいの利益は欲しい、このくらいの利益は出るはずだ」といった主観的期待も決定要因として考える必要がある。つまり、客観的なデータ（ROE、PERなど）が入手可能であるとしても、投資家の主観的な期待によって、こうした情報に投資家の期待が大きく影響する可能性もある。そしてこの期待値をもとに、投資家は購入価格を決定しリファレンス・ポイントが形成される。

この投資家が高いリターンを追求するほど、リファレンス・ポイントが原点から移動する距離は大きくなる。仮に過半数の市場参加者が、5万円未満の利益しか期待できないと考えているとしても、この投資家にとっては関係ない。あくまでも自分の欲望を満たす利益水準をもとに購入価格を決め、そこからのリファレンス・ポイントの移動距離と満足度の関係によって意思決定を行うことになるだろう。

次に、投資家はリスクを推定する。図表にあるT株式では3通りのリスクの可能性が描かれている。50％で5万円の利益、10％で20万円の利益、そして40％で20万円の損失となる確率があり、これはいずれも客観的確率によるリスクウェイトだ。つまり、客観的に見ると、この投資からの期待値（平均）は▲3.5万円となり、期待値がマイナスなので「投資を行わないこと」が賢明な判断となるはずだ。

もちろん実際には、理論で考えるほど理路整然とは事が運ばない。仮にこの投資家が1年間で20万円の利益を獲得できると考えた場合、決定の重みづけによって客観的発生確率は頭の中から消え去り、20万円は獲得可能だと認識されてしまうかもしれない。

また、こうした主観的判断は個人のリスク許容度にも依存する。多額の金融資産を保有し、多少の損失に直面しても心理的ストレスを感じない投資家であれば、上述のような意思決定を下してもおかしくない。

反対に、金融資産が１００万円しかない投資家であれば、安全性の高い国債への投資など価格下落リスクが相対的に低い金融商品への投資でさえ躊躇してしまうこともあるだろう。

低所得層が住宅価格の永続的な上昇への期待を過度に高め、そして、多くの投資家が住宅価格の動向次第では「諸刃《もろは》の剣」となり得る消費システムに心酔した米国住宅バブルも、もとはといえば、米国の住宅価格が上昇し続けるという一種の幻想と、そこから得られると予想される利益額を大きく見たことによるものだった。それは、価値関数と決定の重みづけの融合の典型例と見なすことが可能だ。

このように、私たちは客観的に発生確率の低い事象に対して過度な期待を持つ傾向にあり、その反面、発生確率の低いケースを過度に警戒してしまう。これはアノマリーにほかならず、バブルの温床となる要因だ。ただし、アノマリーをうまく活用することで短期的には投資成果を上げることができることも、一方で事実ではある。

7 心は「言い訳」上手
――気質効果・処置効果

損をする意思決定をするようなとき、心の中で満足できる言い訳を自分で作って納得してしまう認知のあり方を、「気質効果」と呼ぶ。この心の作用が日常の意思決定に与える影響は大きい。

自分への「言い訳」が判断を狂わす

多くの投資家は、利益を確定してしまう一方で、なかなか損切りができない傾向にある。これは、利益の出ている局面では、リスク回避的になる一方、含み損の状況では、とたんにリスクをとりたがる（＝リスク愛好的になる）ことをあらわしている。

私たちは損失や利益という自分自身の立ち位置に対して、自分自身に都合のよい理由づけを心の中で行いがちだ。この認知の仕方を、行動ファイナンスでは「処置効果」、あるいは「気質効果」（Disposition Effect）と呼んでいる。

図表 2-5 AとB、どちらが合理的？

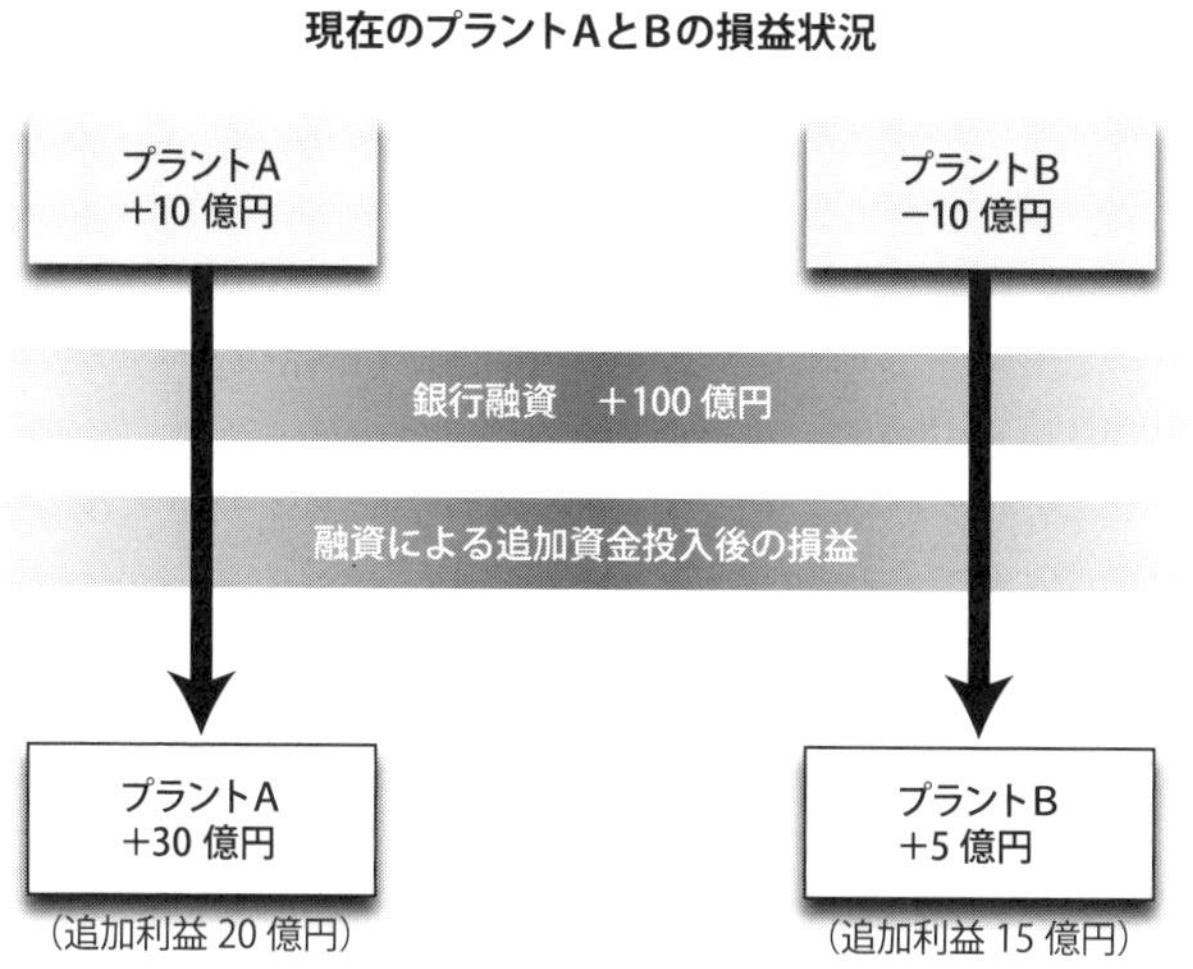

ある架空の投資案件を通して、その実体を見ていこう。

　エンジニアリング・カンパニーのJ社では、プラントAとプラントBの2つのプラント事業を展開している。どちらのプラントも、当初の投下資本やその他費用は同額とする。社長は、銀行からの融資を通して追加資金を100億円調達し、プラントの収益力を高めようと考えている。ただし、一時に両方のプラントに資金を融通することはできない。また、追加資金がない場合の各プラントの期末損益は、現在からほぼ変わらないとする見通しが提出されている。

　社長は、図表2-5に示されている損益状況と追加資金投入後の各プラントの収益水準を見て、大いに悩まされてしまった。それもそのはず、当初の目論見ではAよりも大幅な増益を期待していたプラントBが、10億円の赤字を抱えているからだ。実は、プラントBにはJ社の開発した最新式の海水ろ過システムが組み込まれており、これは中東地域での灌漑向け需要を狙った虎の子事業だったのだ。このプラントBに対する注目度は高く、仮にこのプラントが赤字を抱えることになってしまえば、証券会社のアナリストから大幅な評価切り下げを受けることは必至だ。また、経営責任を問う声も高まるかもしれない。

そこで社長は考えた。「プラントAはすでに利益が出ており、これは当初の予想通りの展開だ。一方でプラントBは、わが社にとって、今後のコア・コンピタンスにしたい技術を組み込んでおり、是が非でも成功させなければならない。中東地域での海水ろ過事業の難しさは、業界に知れ渡っているものであり、5億円の利益はアナリストにとっても既存株主にとっても好材料となるはずだ。そして、両プラントとも黒字で期末を迎えることができれば、経営者としての面子も保てる」。こうして、社長はプラントBに追加資金を振り向けることを決定したのだ。

さて、この意思決定の非合理性はすぐに理解できることだろう。プラントAに追加資金を振り向ければ、追加利益20億円が手に入り、プラントBがそのまま10億円の損失であるとすると、全体として20億円（10＋▲10＋20）の利益を確保できる。一方、プラントBに資金を投じると5億円の黒字で期末を迎えることができるが、プラントAの損益は10億円の黒字にとどまるため、全体としては15億円（10＋▲10＋15）の黒字幅となり、プラントAに資金を投じたほうがJ社の利益は大きくなるのである。

プラントBの損失を実現させてしまうことを嫌ったがために、こうした非合理的判断が生じてしまったのだ。これが気質効果の示す「損切りができない」典型的な原因である。

満足して非合理的な選択肢を選んでしまう？

気質効果は、価値関数と並ぶ行動ファイナンスの基本的な考え方の一つだ。先のJ社の社長の例であれば、赤字プラントの黒字化という心理的な満足度が大きかったために、結果として2つの合計損益が相対的に劣ることになるプラントBへの追加資金投入を決定してしまったわけだ。たしかに、利益の出ているプラントが１００％黒字で終わるという保証はどこにもない。だが同時に、赤字プラントが黒字になるという完璧な理論的根拠も存在しない。ならば、現在うまくいっているプラントAに追加資金を投じる意思決定が合理的だろう。

気質効果が示す通り、私たちは損失に直面すると、時としてやけになってしまう。利益と損失、どちらの選択肢を補強・改善するかという選択肢に直面したとき、気質効果の影響を冷静に吟味することができれば、日常の業務内容はおろか個人投資家としての運用成績も大きく違ってくるかもしれない。

8 あなたの「せっかち」度を表す

——双曲割引モデル

利益に対して極力早く確定したがる「せっかち」な私たちの行動は、行動ファイナンスの「時間割引率」の考え方で理解することもできる。これは、価値関数とも整合的である。

今日と明日とで価値は変わる

私たちは、将来もたらされる満足度（効用）に関しても、心理的な要因によって割り引いて評価している。たとえば、1年後に手に入る100万円と、明日手に入る100万円では、明日手に入る100万円による満足度のほうが大きいと評価するのが一般的である。

現在価値と将来価値の考え方に基づけば、今、手許にある100万円と、1年後に手に入る100万円の価値は異なる。これは、金利という資金調達の際に発生するお金のコストの存在により、いくらの金額をどれだけの金利水準で運用すれば、1年後に100万円になるかという問題を解くことによって説明される。仮に金利が5％（1年間）であるとしよう。このとき、1年後の100万円の現在価値は100÷1・05＝95・238万円となる。同様に、現在の100万円を同水準の金利で運用した場合の1年後の将来価値は、100×1・05＝105万円となる。つまり、1年後の100万円の価値は、今95万2380円手に入れることと同じ効用がある。その割引率は、基本的に変化しないというのが伝統的な経済学の理論だ（割引率とは、異なる時点間のお金の価値を比べる際に用いられる金利水準を指す）。

双曲割引モデルで「せっかち」度を測る！

しかし、割引率は期間によって大きく変動し、しかも実際には、現在から近い将来に対する割引率を高く設定しがちである。これが「双曲割引モデル」の考え方だ。つまり、現時点から近い将来についての心理的要因として、割引率を高くしてまでも資金を手に入れたいというインセンティブが働き、効用も同時に割り引かれて逓減するのである。反対に遠い将来に関しては、低い割引率が設定される傾向にある。

伝統的な経済学理論が想定している割引率が一定であるのに対して、双曲割引モデルは近い将来から長期になるほど割引率が低下する。つまり、近い将来については、私たちはせっかちになるため、現在価値を低めることで効用を低下させてしまう。反対に、かなり先の将来に関

図表 2-6 双曲割引モデルと伝統的経済学の割引率モデル

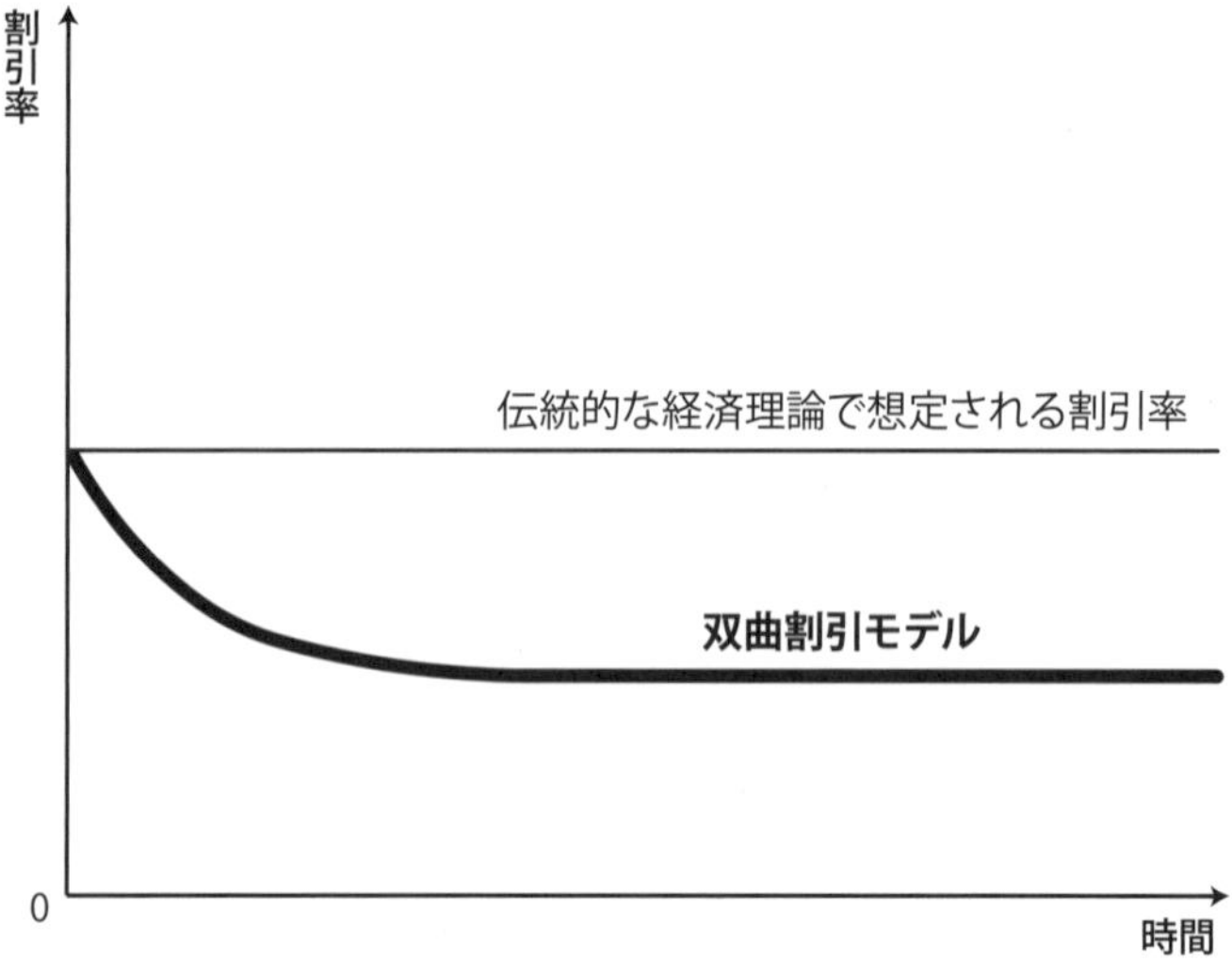

しては割引率は低くなりがちであり、そのため高い効用を期待する心理が影響を与えている。利食いを急ぎ、損切りを先送りする心理は、将来のリターン上昇によってもたらされるかもしれない効用を捨てて、足許の利益水準での利益確定を行ってしまうことにつながりやすい。

一方で、損失に関してはマイナスの領域からプラスの領域にまで価格が回復することによる満足度は非常に大きい。なぜならば、評価損が消えて、「失敗した」という気まずさがかき消されてしまうからだ。私たちは、これを期待するがあまり、将来の効用の高まりを期待して損切りができなくなってしまうのだ。

2

認知的不協和――「明らかにおかしな選択肢」はなぜ選ばれるのか？

1 「葛藤」を解き明かす

最近、運用の現場では、ボトムアップ、つまり株式や債券などの金融資産の個別銘柄の魅力度に基づいてポートフォリオを構築する手法が有力になっている。セクター配分や国別配分は、あくまでも個別銘柄を積み上げた結果でき上がったものとして管理されているケースが多い。このような場合、運用者は自分にとって思い入れの強い銘柄を保有しようとしがちだ。すると、実際に投資してみた株の株価が上昇せず、含み損を抱えてしまうことになっても、その銘柄への思い入れが強いあまり、損切りができないという状況になる可能性がある。

合理的に考えると、うまく利益が上がらない銘柄は早い段階で見切りをつけ、新しい投資機会を模索するほうが利益を獲得できる確率は高くなるかもしれないが、なかなかそうした行動が取れない。この、「損切りしたくても、損切りできない」こだわりこそ、葛藤、すなわち今から述べる「認知的不協和」が働いていることを表しているのだ。

このポートフォリオ・マネージャーの心理を具体的に見てみよう。次のような心理が働くことは十分に考えられる。

「この銘柄は、自分自身の最大限の能力をつぎ込んで発掘した銘柄だ。分析は何度も修正を加えたモデルによって行われ、その精度は周囲からも高いという評価を得ている。また、この企業の競争力も高く、財務内容もよい。一方で、周囲の投資家からは未だ高い注目を集めておらず、大化けする可能性は極めて高い。今は、株価が相場の軟調な環境のあおりを受けて下落してはいるものの、魅力度に変わりはなく、自分の見通しにも間違いはないはずだ」

こうした自信やこだわりが強いがゆえに、誰しも自分の間違いを認めたがらないものである。そのため、投資家のみならず、すべての経済主体は、損失を止めることすらできなくなってしまう。特に、投資の現場において損切りを行うことは自己否定につながりかねないために、その意思決定は極めて難しい。

2 コミットメントが意思決定を歪める
——認知的不協和

コミットメントが強ければ強いほど、見込みと違う場面が訪れたときに心の中に不協和が渦巻く。この「認知的不協和」によって、結果として合理的な意思決定ができなくなってしまう。

「認知的不協和（Cognitive Dissonance）」という言葉がある。これは、自分の考えや前提としていた条件が間違っていたことを示す証拠に直面したとき、私たちが感じる心理的な葛藤のことを指す。このような葛藤に直面したとき、時に信じられないほどの自己否定の感情に苛《さいな》まれることがある。そこで私たちは、このストレスを緩和するために、あるいは逃れるために心理的な処置を行う。認知的不協和の前提は、人は心理的対立を不愉快に感じると、その認識の対立をできるだけ速やかに解決したいと希望する、というところにある。

人は不協和が起こると、自己否定を行わなくて済むように、原因となった個別の認知内容を操作する。有り体に言えば、**自分の考え方や、すでに下した判断が正しかったと思うために、**

詭弁を弄《ろう》して、自分の心をごまかすのだ。

簡単な例を挙げてみよう。お昼に〝お寿司〟と〝天ぷら〟のどちらにしようかと悩んだ結果、天ぷらを選択する、というケースなどがちょうどいいかもしれない。

このケースでは、すでに「天ぷらを選ぶ」という意思決定を行っているため、その決定にマイナスとなる情報や認知は、心の中で不快感(=心理的葛藤、不協和)を引き起こす。この不協和を回避するために、私たちは、自分が行った意思決定をサポートするような要素や情報を探す。たとえば、選択しなかったことに関するポジティブな情報を、ネガティブなものへと変化させたりする。「お寿司は新鮮で美味しいもの」という要素は、「魚特有の生臭さがあるかもしれない」という表現に置き換えられることになる。状況によっては認知内容の変化にとどまらず、自分自身の考えと対立する情報を無視することもできる。

認知的不協和は、自分自身が重要と考え、注意を向けた対象にのみ関係し、意思決定の対象でないものには不協和は発生しない。たとえば、天ぷらがカラッと揚がっておいしそうに見えるということと、料理人が太っているか痩せているかということとは関わりがない。

また、認知的不協和には、意思決定に対するコミットメント(責任)が大きく影響する。ここでいうコミットメントには、お昼に〝天ぷら〟を選択することから、高額の投資案件に関する意思決定までさまざまなものがある。いずれも共通していることは、意思決定を行うことによって、私たちが何らかのメリットを受ける可能性があると同時に、他の選択肢から得られるかもしれないメリットを受けられないということだ。意思決定に対するコミットメントが強いほど、不協和もより大きなものとなる傾向がある。

3 心を乱す「コミットメント」

成功への欲求が高い場合など、思い入れが強くなればなるほど、手を引くことが合理的だとしても、その決断が下せなくなる。心は、常に「コミットメント」に縛られている。

コミットメントとは、一般的には、「将来の行動を現在決めて、それを必ず実行することを約束すること」だ。実際のプロジェクトなどの場合、どれだけのお金をプロジェクト遂行のために費やしてきたのか、そしてそこに自分自身の時間と労力を、どれだけつぎ込んできたのかなど、その営みに対する資源投入水準の高さが大きな要素になることがある。投入水準が高くなるほど、そのプロジェクトを首尾よく完了させたいと思うのが、素直な人間心理だろう。

ただし、この「完了させたい」という思いは、必ずしも経済的な利益を高めるとは限らない。時として、「多くの資源を投入したからやめるわけにはいかない」という心理を引き起こし、損益を度外視した意思決定がなされることすらある。

誰しも、より多くの収益を獲得するに勝る喜びはないだろう。しかもできることならば、当

図表 2-7 コミットメントが意思決定を歪める

自身の満足度を優先する場合など、
意思決定が結果としてプラスに機能しないときがある

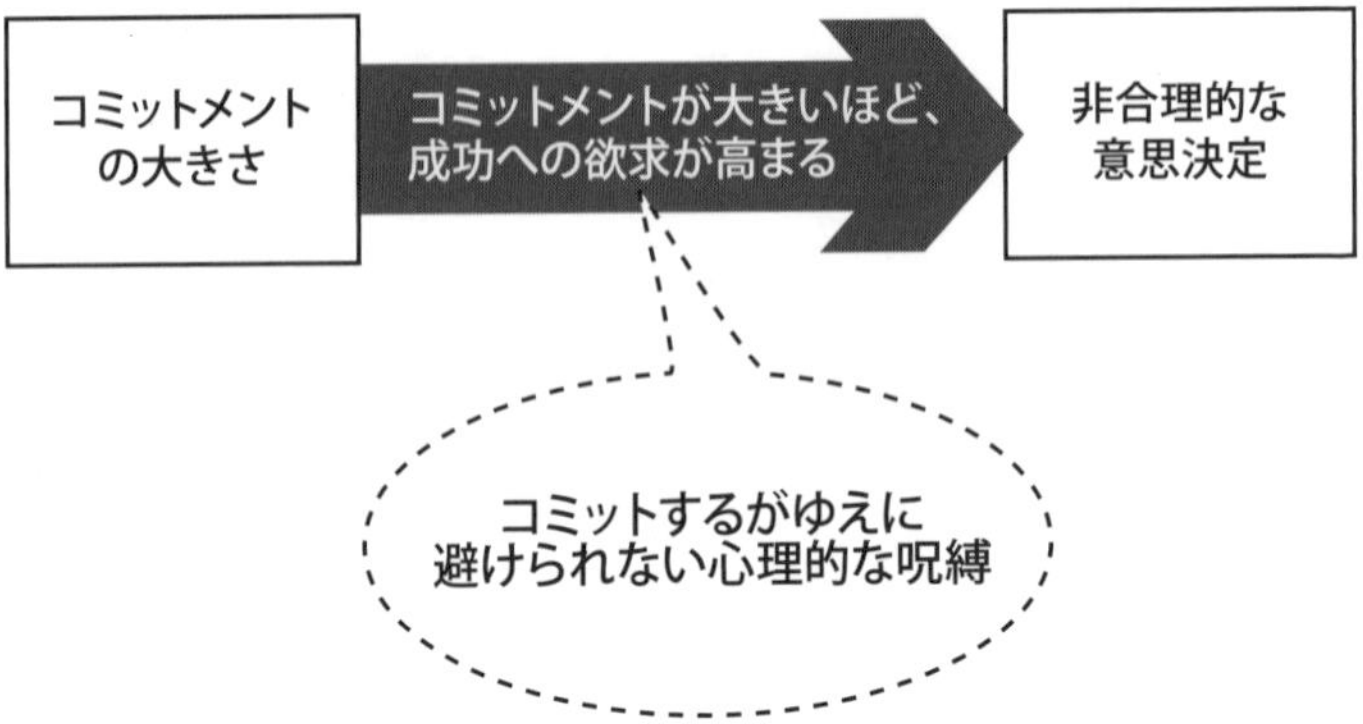

コミットメントの大きさ
コミットメントが大きいほど、成功への欲求が高まる
非合理的な意思決定
コミットするがゆえに避けられない心理的な呪縛

初想定した戦略やシナリオ通りに事が進み、収益につながるのであればなおさらである。偶然で成功するよりも、自分自身のコミットメントが強いだけに満足度も大きいだろう。

だが、自分自身のシナリオ通りに事が運ばない場合、特に想定とは逆方向に物事が進んでいく場合も、世の中にはいくらでもある。

このとき、「失敗を認めて引き下がる」という意思決定を行うことは、実際には容易ではないはずだ。コミットメントが強ければ強いほど、その困難さはより強くなってしまい、がんじがらめになってしまうのだ。

4 コミットメントと不協和をめぐる、4つの因果

①自分で選んだ、②第三者に説明責任がある、③すでにコストをかけて未練がある、④みんなと違うことをする。この4つの場合に、認知的不協和は大きくなり、より強いコミットメントが必要となる。

コミットメントの強さと、意思決定の結果として発生する不協和の強さは、①選択の自由、②説明責任、③回収不能コスト、④通常からの逸脱、の4つの要因によって決まる。順に説明しよう。

①選択の自由

コミットメントは意思決定が自発的に行われた際にのみ発生する。つまり、誰かから強制や指示を受けて行った行動からだと、自分自身のコミットメントは低いものになりがちである。

図表 2-8 ファンド・マネージャーを取り巻く説明責任

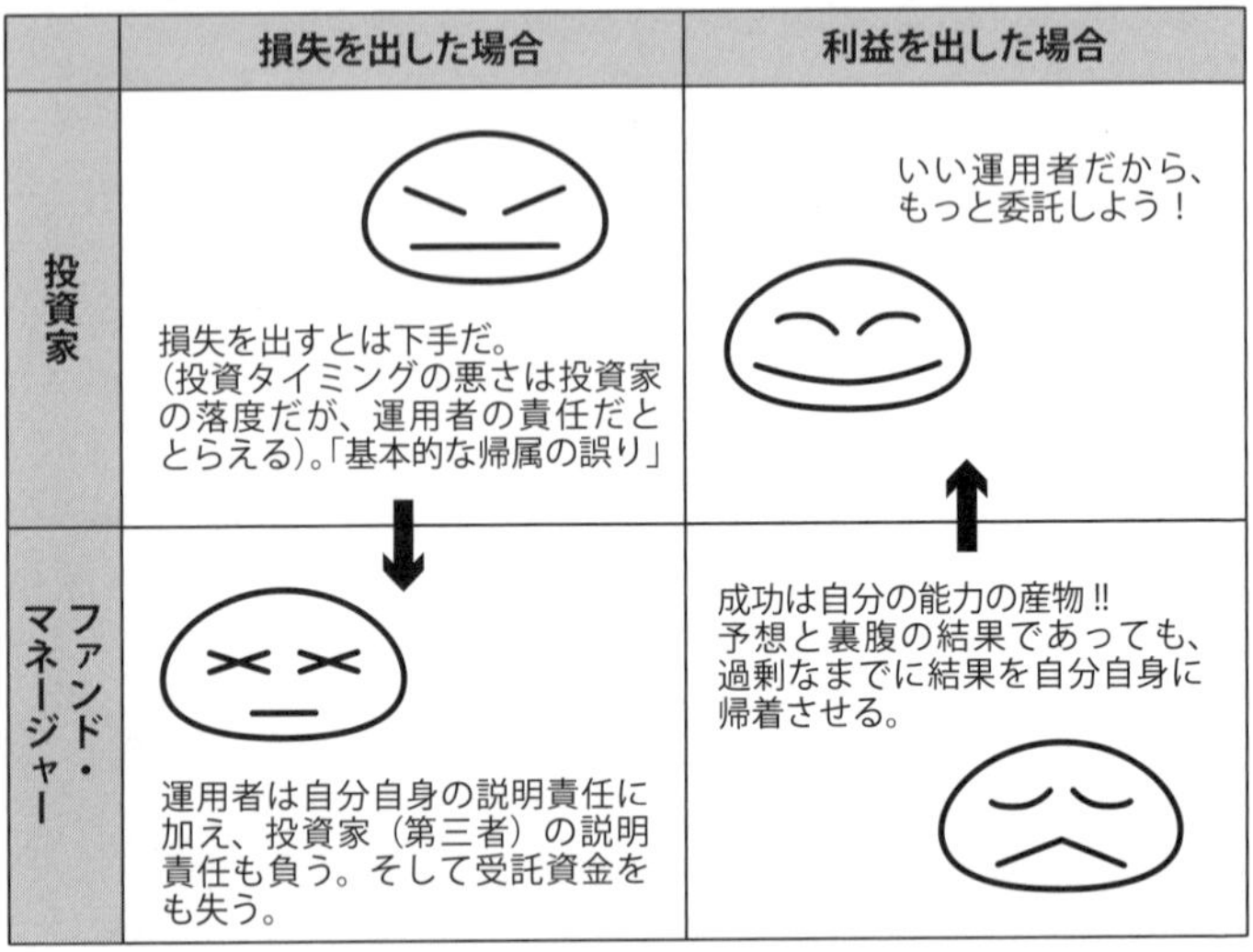

	損失を出した場合	利益を出した場合
投資家	損失を出すとは下手だ。（投資タイミングの悪さは投資家の落度だが、運用者の責任だととらえる）。「基本的な帰属の誤り」	いい運用者だから、もっと委託しよう！
ファンド・マネージャー	運用者は自分自身の説明責任に加え、投資家（第三者）の説明責任も負う。そして受託資金をも失う。	成功は自分の能力の産物!!　予想と裏腹の結果であっても、過剰なまでに結果を自分自身に帰着させる。

自発的に選択できないのであれば、自分自身で責任をとる必要を感じない可能性が高いからだ。

②説明責任

意思決定におけるコミットメントは、どの程度の説明責任が認識されているかに比例して高まる。言い換えれば、下した意思決定によって得られる結果が、ある程度予測できることが必要になる。予測可能であれば、結果をよりポジティブなものにして、自分の能力の貢献度を認識したいと思うからである。

一方、ネガティブな結果に対しては、多くの場合、限定的な説明責任しか感じない。「失敗したのは、あの人の準備が悪かったからだ」というように、他人の責任にする傾向がある。

また、自分自身の説明責任だけでなく、相手から不当に押し付けられる説明責任も考慮せねばならない。これを「基本的な帰属の誤り」という。特にファンドマネージャーのように、多くの投資家（第三者）に対して説明責任を負う場合、とりわけこの傾向が強くなりがちだ。それを表すと右の図表2-8のようになる。

③意思決定のために費やした回収不能コスト（サンクコスト※）

一般的には、意思決定のプロセスやその意思決定そのものによって、すでに支払ってしまったコストのことをいう。たとえば、特定のプロジェクトを選択するまでに費やした時間や労力がそれに該当する。つまり、「自分としては、プロジェクトに、これだけのエネルギーをかけたのだから、そう簡単には撤退できない」と考えるわけだ。

しかし、冷静に考えると、そのコストはもう支払われてしまっているので、プロジェクトが成功しても、失敗しても、そのコストの負担には関係がない。ということは、そのプロジェクトの成功確率が明らかに低下した場合には、潔く撤退する方が合理的ということになる。ところが実際の人間の心理は、なかなか合理的に働かない。「これだけ努力したのだから、いずれ何とかなるはずだ」と思いがちだ。

④通常からの逸脱

ここで言う「通常」とは、「正しい」とか「誤っている」等の問題ではなく、単に多くの人々が行っていることを意味する。つまり多数意見である。一般的に人間は、多くの人々が行っている行動に追従する傾向がある。つまり、みながしていることと同じことを自分もしている分には、一定の安心感が得られるというわけだ（群れを成しているように見えることから、「ハーディング現象」と呼ばれる）。

逆に、みんなと違うことをする場合には、何となく不安を感じるなどの反応が起きる。それも、不協和を生む原因の一つになり得る。このため、通常からの逸脱が大きくなればなるほど、意思決定への強いコミットメントが必要になる。何せ、他の多くの人たちと違うことをするわけだから、それだけ「覚悟」が必要になるのだ。

※サンクコスト

プロジェクトなどにおいて、一度投下すると回収できないコストのこと。「埋没費用」ともいわれる。

5 バブルの中に「認知的不協和」を見る！

バブル発生時に冷静に判断しようとしても、その冷静な判断自体が周囲の人と異なる行動を意味するため、大きな不協和に見舞われてしまう。時として、合理的判断には相当の「覚悟」が必要である。

一般的に、「通常＝日常」であり、通常から逸脱する（＝非日常的）行動をとる際、意思決定者は特に強い思い入れを持つことが多い。たとえば、バブルの最中、ほとんどの投資家が株を買いたがる。さらなる利益を手にすることができると考えるからだ。一方、ある投資家が「この相場はバブルだ」と認識して、上昇相場に参加しないことは、心の中でかなり大きな不協和が生じることも考えられる。株価がさらに上昇し続けた場合、売り向かった投資家は大きな不協和に直面することになるだろう。

このように認知的不協和という現象を振り返ると、人間とは、自分の行った決断について、それが後になって「正しくない」と思っても、なかなかその意思決定を取り消せない弱い存在

図表 2-9 バブルと認知的不協和

・バブル：発生根拠が単純、賛同が容易

例)住宅ブームで地価が上がるとほとんどの投資家が強気一辺倒

・買えば儲かる、もっと買いたくなる

・株価は上昇し続けるという熱狂

(過度に結果を自分自身に帰着させる)

→自分は利益を獲得できるという幻想

→コミットメントの増幅

→バブル崩壊前、弱気論は極めて少数

強気相場での「通常からの逸脱」は困難

大きな不協和が伴う

・急激な相場下落

→運用者「相場環境が悪い」

→年金基金「運用者のスキルがない」

・売却のための株価回復を模索、分析

→意思決定を撤回するためのコスト上昇

・バブル期の意思決定はなかなか取り消しづらい

→「通常からの逸脱」は容易ではない

・「基本的な帰属の誤り」：問題の究明に時間がかかる

→崩壊後の低迷長期化

だといえる。一度決めた決定を、途中でひっくり返すことには（それが合理的な判断であったとしても）心理的な苦痛を伴うからである。多くの人は、そうした苦痛を味わいたくはないはずだ。あるいは、他の人がみな行っていることに、ただ追随することはとても容易《たやす》い。しかも多くの人と一緒だから、不安を感じることが少ない。

しかし、心理的な不協和を味わうことから逃避してばかりいると、正しい意思決定ができないこともわかってもらえたと思う。時にはその苦痛を味わう覚悟をすることが必要になることもある。そのときに、「認知的不協和」という言葉を思い出してみてほしい。

6 「現状維持バイアス」と認知的不協和

私たちの心には、常に現状への執着がある。この現状を維持しようとするバイアスにより、私たちの価値の感じ方は、ますます歪んでいく。

認知的不協和は、私たちが何か新しく行動を起こそうとする場合にも発生する。高校から大学へと進んだときのことを想像してみてほしい。新しい世界への期待があることは言うまでもないが、それ以上に、これまでと違った世界に大きな不安を感じるだろう。勉強についていけるか、周囲とうまく打ち解けあうことができるかなど、これまでと大きく異なる生活環境に大きな戸惑いを感じたはずだ。このように、新しい環境に直面したり、今までにない意思決定を迫られると、私たちは「前の状況に戻りたい」と感じることがある。

新しい環境との直面は、「通常からの逸脱」と言い換えることもできる。そしてこのとき、私たちはより大きなコミットメントを行うことになる。なぜならば、私たちは「今あるものへの執着を捨てる」という決断を行わなければならないからだ。

今あるものに大きな価値を見出し、新しい行動に躊躇することを「現状維持バイアス」と呼ぶ。これは、自分の持っているものに対して、他人の持っているものよりもより大きな価値を感じる心理状態ともいえる。たとえ同額の製品であっても、自分が所有しているものなら、他人が持っているものよりも大きな価値を内包しているかのように思えてしまう。これには、私たちが日常的に感じる愛着という感覚が大きな影響を与えている。

「現状維持バイアス」はマーケティングにおいても活発に利用されている。たとえば、新しいスポーツカーの試乗会が行われ、抽選で当選した人には1週間の試乗期間が付与されるとしよう。もちろん、この期間に費用は一切発生しない。1週間のお試し期間中、あなたは十分にこの車の性能を堪能する。さて1週間後、車をディーラーに返さなければならなくなったとき、どんな感情を抱くだろうか。

多くの場合、このまま乗り続けたいと思うのではないだろうか。こうなると、たとえこの車がお試しだけのものであったとしても、心の中にはこの車に乗り続けたいという感情、すなわち現状維持バイアスが発生することになる。結果として、当初は購入する意思がなかったにもかかわらず、購入することになるというケースは十分に考えられる。

現状維持バイアスは、大きな心理的安定感を与えてくれる。ただし、このバイアスに任せるだけで、認知的不協和がすべて解決されるわけではないことを肝に銘じるべきであろう。

7 欲しいのは都合のいい情報だけ

——選択的意思決定

失敗が確実になった場合においても、認知的不協和を避けるため、最初の意思決定にそぐわないことを避けるよう「選択的」に決定を下してしまいがちだ。

認知的不協和は、心理的に不協和を感じる状況で発生する。そしてコミットメントが強ければ強いほど、この不協和は大きくなってしまう。こうした認知的不協和を軽減させることにつながる意思決定についても、行動ファイナンスでは理論化されてきた。それが「選択的意思決定」である。

選択的意思決定は、どれほど大きな代償を払っても当初の意思決定が望ましい結果につながるべく決定を行うことを指す。たとえば、あるプロジェクトの担当者が、過去の準備期間に寸暇を惜しんで準備に取り掛かり、キャッシュフローの算定に苦戦してきたとしよう。結果として投下資本を上回るキャッシュフローの現在価値が算出されなかった場合、果たしてこの担当者は潔くプロジェクトを行わないという意思決定が下せるだろうか。

その意思決定は容易ではないはずだ。現状維持バイアスを考えると、担当者にとっては自分自身が心血注いで考案したプロジェクトが実施されることが大きな喜びであるだろう。つまり彼にとっては、収益にかかわらず、実行できるか否かが重要な関心事になってしまっているのだ。このとき、最終的な収益性への関心は薄らいでいる可能性が高い。こうなると、選択的意思決定によってキャッシュフローの小ささという心の中の不協和要因は担当者の頭の中から捨て去られ、自分自身の満足度を高める意思決定、すなわち「プロジェクトの実行」が選択されることになるかもしれない。

仮に損失が発生する確率の高い案件であったとしても、いざ担当者という立場で関わってしまうと自分の計画を否定する意思決定を行うことは容易ではないのだ。

8　失敗を正当化する心の働き
――後悔回避とプライド効果

後悔を避けるために、そしてプライドを保つために、自分のコミットメントを正当化しようとし、当初の意思決定にそぐわない行動が取れなくなってしまうことがある。

「後悔」を解き明かす

コミットメントが強ければ強いほど、私たちの認知的不協和は大きくなる。現状維持バイアスや選択的意思決定は、コミットメントを行った結果、私たちがどのように認識を行うのかを説明する理論である。ここでは、私たちの強いコミットメントにもかかわらず物事がうまくいかなかった時に感じる「後悔」という感情を、認知的不協和の一連の考え方で解き明かせることを示そう。

後悔とは、言うまでもなくマイナスの心理要因だ。このために、私たちは間違った行動をとらないように行動する。言ってしまえば、これが「後悔回避」である。

仮にプロジェクトへのコミットメントの結果として、成功したときの喜びと失敗したときの悲しみの大きさを考えてみよう。結果から遡《さかのぼ》ってみた場合に、どういうものが正確な判断であったのかが明確になるとき、間違った判断を下したことへの後悔は強くなってしまう。逆に当初の判断がうまく機能して成功になった場合だと、その喜びはあまり長続きすることはない。

これは、プロスペクト理論の価値関数の形状と整合的な内容だ。たとえば、投資家は損を抱えてしまっても、「いずれ上昇するだろう」との期待にこだわってしまい、保有している資産が塩漬け（損をしたまま抱え続けること）になってしまうケースが多い。また損失を確定すると、その投資家は面子を失うことになり、体裁を大きく悪くしてしまう。こうなると、自分は投資のプロだという自覚が強ければ強いほど、損失が発生している局面では、損切りができなくなってしまうケースが多い。

プライドが合理的な意思決定を妨げる

自分の決定に対してのプライドが意思決定を歪めていく「プライド効果」は、プラスの利益が発生している局面で現れる傾向がある。たとえばとある投資家が株式に投資したところ、うまく株価が上昇したとしよう。価値関数ではマイナスの局面に比べてプラスの局面では関数の勾配が緩やかになっている。このことは、利益が発生する局面では投資家は利食いを急いでしまう根拠になる。

反対に、ポートフォリオ・マネージャーは自分の失敗を認めたくないという思いもあって損切りをためらってしまう。２００８年のリーマン・ショックの折にも、多くの運用者が損切りできずに大幅な評価損を抱え込んでしまった。これは、自分の見通しと市場展開が大きく異なったことに対して損切りを行うことが、負けを認めるという認知的不協和を発生させたからとも考えられる。それはまた、自分自身のプライドを大きく損なうことになってしまう。これも、価値関数と整合的である。

投資の現場において、どのタイミングで投資を開始するのか、そしてどのタイミングで投資を切り上げるのかという点は、非常に難しいポイントである。どのポートフォリオ・マネージャーも、当然最適なタイミングで投資を行いたいと画策する。ただ、そのタイミングがベストなものなのかということについては、後になってみないとわからない。ここに「不確実性」の難しさがある。

9 コミットメントから自由になれ！

——損失回避と後悔回避への対処①

すでに行った決定だけでなく、周囲の視線やプライドなどもコミットメントとして作用する。そのため、できるだけ「コミットメントを低下させておく」ことも重要な選択肢となる。

ある取締役の判断——周囲の目がコミットメントを生む

私たちが何かに強いコミットメントを行う限り、状況の変化に合わせてコミットメントの内容を迅速に変更することは困難だ。人は誰でも、一度決めたことは可能な限り最後までやり通すことに固執するものだ。そのため、現在のポジションから新しい道へと乗り出していくことにはためらいが生じる。損失回避、および後悔回避の考え方は、プライドの保持や現状維持といった観点から見れば、当人にとっては合理的な発想であろう。問題は、本人にとって合理的であるはずの内容が、客観的に見ると必ずしも正しいとは限らないことである。

ある企業の取締役を例に考えてみよう。この取締役は極度の倹約家として社内でも有名で、無駄遣いは徹底的に省くというスタンスで通っている。ある日、その彼のところに関連会社から不動産購入の話が持ち込まれてきた。担当者は、取締役の部下複数名も集めて小さな説明会を開催し、この不動産物件の立地の良好さと今後の都市開発の進展に伴う価格上昇は年間5％に達するという内容を説いて回った。取締役は、本心ではこれまで貯めてきた資産を振り向けてもいいと思いつつも、不動産という流動性の低い資産特性や日本の不動産市況の先行き不透明さに加えて、何よりも自分自身の「倹約家」というイメージに傷がつくことを恐れて、この不動産物件への投資を行わなかった。

後日、彼が自宅に戻ると、別の不動産会社から不動産物件購入を勧める同じような内容のダイレクトメールが届いていた。ただし、関連会社から説明のあった案件の価格上昇予想が年率5％であったのに対して、この不動産会社の物件は4％と相対的に魅力度が劣るものであった。にもかかわらず、この取締役は保有していた資産の一部を、物件の魅力度で劣るはずのダイレクトメールにて紹介された不動産への投資に向けることに決めたのだ。

ここで重要なのは、「ダイレクトメールを自宅で読む」ことは、周囲からの視線を全く気にする必要がない、ということ。これは取締役にとっては大きなポイントだ。「不動産に投資する」という意思決定を行っても、その内容を社内の関係者に知られずに済む。つまり、倹約家というプライドを保持することができる。合理的に考えると、関連会社から紹介された案件の方がより有利な利回りを享受できると期待されるが、それは本人のプライドが許さないのである。

コミットメントを低下させる

このケースから導き出されるのは、コミットメントの制約がゆるいほど、私たちは合理的な判断ができるということだ。仮に、当該取締役がすでに何らかの商品への投資を行っている場合であっても、プライドから生まれるコミットメントがあるために、この不動産案件への投資は見送られてしまうかもしれない。

コミットメントの制約を低下させることができれば、私たちはより冷静な観点で意思決定の対象を分析することができる。もちろんプライドや面子といった心理的要因をすべて捨て去ることができれば、ほとんど制約なく合理的な意思決定ができると期待されるが、実際には容易ではないだろう。プライドや面子といった意識そのものが、私たちの日常活動のインセンティブとなるというプラスの側面もあるからだ。

損失回避や後悔回避という心理的要因は、私たちのコミットメントの大きさによって影響するレベルが異なる。自分自身のコミットメントを少しでも低下させておくことができれば、損失回避や後悔回避による意思決定の歪みを軽減させることができるだろう。

10 2つの基準を確認せよ！

——損失回避と後悔回避への対処②

「自分自身のリファレンス・ポイントと投資のメルクマールが、今どの位置に存在しているのか」を知ることは、意思決定の歪みから自由になる大事なポイントだ。

実際、投資を行う場合には、「投資に対する基準（メルクマール）」と「自分自身のリファレンス・ポイント」が今どこに位置しているのかが重要になる。つまりこの二つについて、おおよそのイメージを持つことは、合理的な意思決定のためには重要なポイントだ。

投資のメルクマールは、たとえば株式市場でいえば株価収益倍率（ＰＥＲ）などをもとにするとよいだろう。現在、世界の株式市場のＰＥＲは、ほぼ15～20倍程度になっている。平均的に株価は、世界的な景気動向にも左右される側面があるため、自分の国のＧＤＰ成長率が上向きなのか横ばいなのか、それとも下向きなのかという大きな方向性は把握しておく必要がある。これに加えてＭ＆Ａなど企業の資金ニーズは高いのかといった観点を合わせて、ＰＥＲが極端に低くなっている場合は株価が割安に放置されている可能性がある。

同様に、企業収益の伸びに比べて株価が極端に高くなっている場合は、バブルが発生している可能性がある。このように大まかな市場の見方を持つなど、自分なりに「市場全体のメルクマール」を用意しておくことは重要だ。それによって、市場の認識と自分自身の認識の間の歪みを修正することが可能になるだろう。

もう一つの「自分自身のリファレンス・ポイント」を把握することについては、過去の自分自身の投資行動とその成績を振り返ってみれば一目瞭然だ。プラスの投資成績であるならばリファレンス・ポイントは利益の局面に位置しており、反対に含み損を抱えているのであればリファレンス・ポイントよりも損失の局面にある。

時として人間は、コミットメントに縛られるあまり、自分自身の心理的要因に振り回されてしまいがちだ。そのため、仮に市場の分析を客観的に行っていたとしても、意思決定に歪みが出てしまい、思ったように市場の上昇局面をとらえられなくなってしまうことがある。また、市場の下落局面から逃れることができなくなるリスクを抱え込むこともある。

あらゆる経済活動において、自分自身の「立ち位置」と周囲の状況を把握するという複層的な視点を持つことによって損失回避と後悔回避による意思決定の歪みを軽減することができる。

3

心理勘定
——心の会計処理は矛盾だらけ

1 心の帳簿「心理勘定」の欠点

さまざまな要因で歪められた心理勘定は、損得の計算が苦手、という大きな欠点をもっている。時に損するほうを選んでしまう、というケースも発生してしまう。

損得にうるさい勘定の仕組み

私たちが意思決定を行うとき、「特定の行動を行うことに伴う損失と利益を計算する、心の会計処理の仕組み」が存在する。この働きこそ、「心理勘定（メンタル・アカウンティング）」と呼ばれる働きである。私たちの頭の中にはお金などさまざまな帳簿（＝勘定）があり、特定の行動について、一件ごとに仕訳（＝会計処理）がなされているのだ。

のどが渇いたので駅の自動販売機で150円のお茶を買う、というケースを考えてみよう。このとき、頭の中にある現金勘定から150円が引き落とされる。一方、お茶という勘定、すなわちお茶を買うことによって得られるメリット（この場合は、のどの渇きを癒してくれるというメリット）に、１５０円の金額が計上されることになる。この場合、一本のお茶から得られるメリットは、現金１５０円を失うことと同等か、もしくはそれ以上の効用があると認識されているはずだ。もし、得られるメリットが、１５０円のお金を失うことより効用が小さければ、お茶を買うことはないだろう。

これだけでも、私たちが、何かを行うと決める場合には、その行動によって得られる効用と、その行動を行うことに伴うコストや不効用とを、頭の中で計算して意思決定を行っていることがおわかりいただけるだろう。ここまでは、伝統的な経済理論でも説明可能な、心理勘定を使った意思決定のプロセスである。

問題は、私たちの心理勘定という会計処理の仕組みが、必ずしも合理的に行われないケースだ。伝統的な経済学では、常に、私たちは合理的な行動をとることを想定している。そのため、心理勘定の会計処理も、必ず合理的に行われていることを前提にしている。ところが、私たちはいつも合理的に会計処理を行っているとは限らない。時には、どう考えてもおかしな処理を行っているケースがあるのだ。

「得するほう」を選べなくなるカラクリ

たとえば、ある企業が同時に二つのプロジェクトを行っているとしよう。プロジェクトＡと

図表 2-10 心理勘定

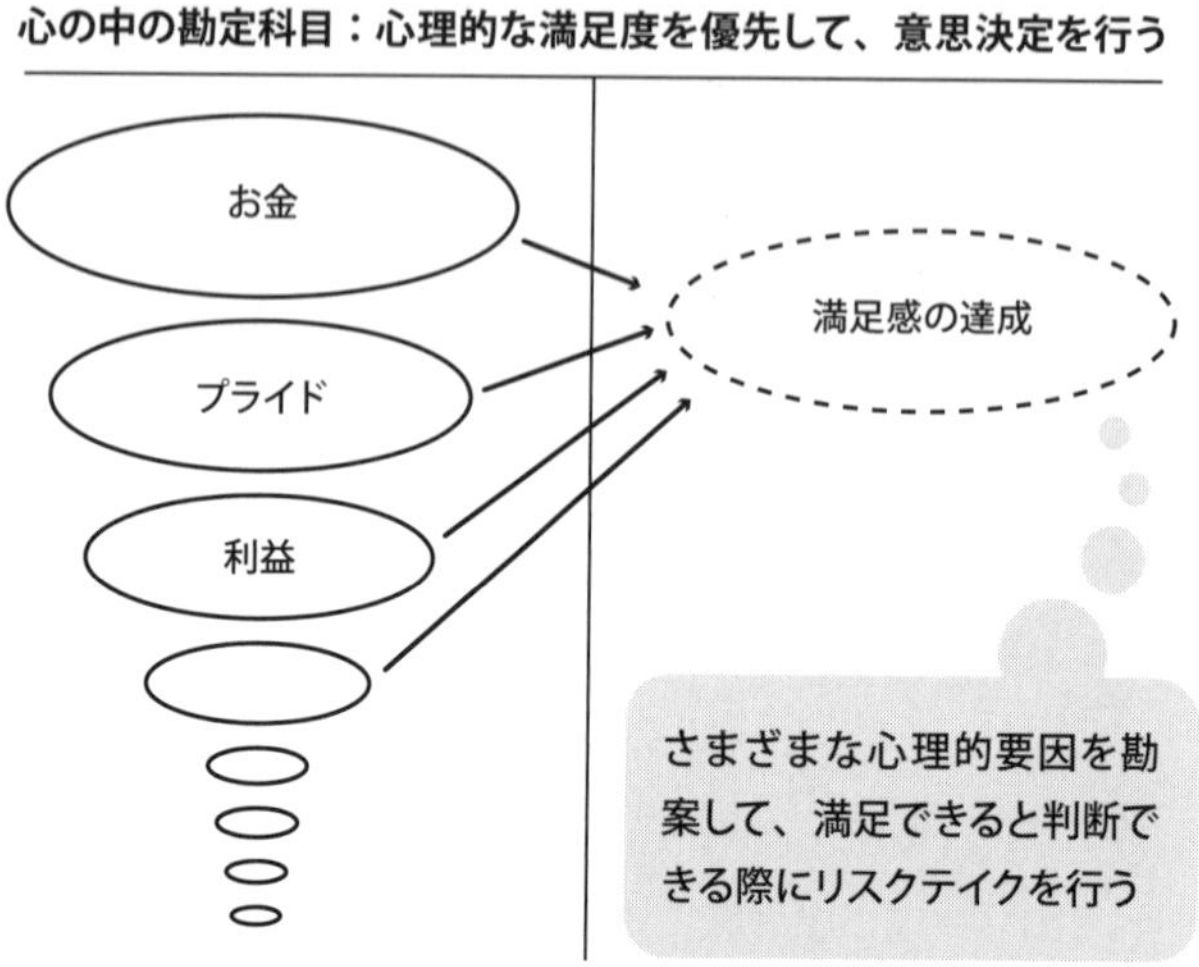
心の中の勘定科目：心理的な満足度を優先して、意思決定を行う
お金
プライド
利益
満足感の達成
さまざまな心理的要因を勘案して、満足できると判断できる際にリスクテイクを行う

プロジェクトBである。二つのプロジェクトは互いに独立で、収益の状況などに関連性はないとする。また、当初に投下した資金や労力は同じだ。現在、プロジェクトAは好調で、100万円の利益が出ている。一方、プロジェクトBは不調で、100万円の損失が発生している。

今、限られた労力と資金を投下すると、プロジェクトAからは追加で200万円の利益を実現することが可能と予想される。一方同じ資源を投入すると、プロジェクトBは150万円の利益を見込むことができるとしよう。ただし、追加の資源投入は、二つのプロジェクトに同時に行うことはできない。この場合、企業の正式な会計処理を前提にして合理的な行動をとるとすれば、プロジェクト

Aに資源を投入することが適正な意思決定ということになるはずだ。

ところが、経営者の心理勘定では、この「正しい」決定とはやや異なる会計処理となることがよくある。どういうことだろうか。

プロジェクトAはすでに利益が出ているが、プロジェクトBは損失を抱えている。ここで、プロジェクトAはそのままにして、プロジェクトBに資源を追加投入すると、プロジェクトBは結果的に、50万円（＝－100万円（赤字）＋150万円（追加利益）＝50万円（最終黒字））の利益を計上することが可能となる。

そうすると、同時にスタートした二つのプロジェクトは、めでたく両方とも黒字で終了することができる。これは、二つのプロジェクトを選択した経営者にとっては、面目を保てる格好のよいことと映るはずだ。

もちろん、こうした心理勘定の処理が合理的でないことは明らかだろう。プロジェクトAに資源配分を行うことで、プロジェクトBは100万円の損失のままで終わってしまうが、プロジェクトAから、さらに200万円の利益を得られる。よって、両プロジェクト合計では、

300万円（Aの最終利益）－100万円（Bの最終損益）＝200万円

の利益になる。これは、プロジェクトBに追加投資を行うケースの最終利益150万円よりも大きいはずであるが、こちらを選ぶことはなかなかできない。

2　身近に潜む心理勘定のワナ

——ファンドマネージャーとコンサート

少し条件が違うだけで、頭の中の会計処理の仕方は変わってしまう。思いもよらぬ形で意思決定に作用してしまうことがあるので、注意が必要だ。

とにかく損をするのはイヤ

ある経験豊富なベテランファンドマネージャーの例を紹介しよう。

あるとき、彼は新しいファンドを立ち上げて投資を始めた。最初に三つの銘柄を選択して投資を行い一か月が経ったころ、三つの銘柄のうち、二つの銘柄は予想通り値上がりしていたが、残りの一つは、彼の期待に反して値段が下がっていた。ただ、この時点で三つの銘柄を手仕舞うと合計で利益を計上することができた。今から考えると、当時の金融情勢はやや不安定で、保有ポートフォリオのリスクを軽減することは賢明な選択だったと考えられる。その証拠に、彼は利益の出ている二つの銘柄を売却して利益を確定した。ところが、含み損の出ている一つの銘柄を残してしまったのだ。彼の心理勘定では、三つの銘柄はそれぞれ独立していたので、すべての銘柄で利益を出すことを考えていたのだろう。一銘柄だけ損をして手仕舞うことを嫌ったのだ。

ところが案の定、世界的な株式市場の下落によって、残した銘柄からは多額の損失が発生し、ロスカットルール※に抵触して、損切りを余儀なくされてしまった。その結果、二つの銘柄から得た利益は、三つ目の銘柄の損失によって吹き飛び、合計損益はマイナスになってしまったのだ。

その後、彼に心理勘定のコンセプトを紹介すると、「なるほど」となっていた。

少しの「差異」が支払うかどうかを変える

もう一つ、さらに身近なケースで考えてみよう。

ケース1……1万円のコンサートのチケットを買って会場に行くと、チケットがなくなっていることに気づいた。

ケース2……コンサート会場で、ポケットに入れておいたチケット代1万円がなくなっていることに気づいた。

いずれのケースも、選択肢はコンサート会場に入るために「追加で1万円の支出をする」か、あるいは「諦めて家に帰る」の二つである。

だが行動ファイナンスの研究では、ケース1の場合は「諦めて家に帰る」ことを選び、ケース2の場合は1万円を払ってコンサートを見ることを選択することが多い、という結果がでている。これは、「コンサートの勘定」と「現金勘定」という、心の中にある二つの勘定が影響している。ケース1の場合には、チケットをすでに買っているため、「コンサート勘定」に1万円が計上されている。追加で1万円払うと、「コンサート勘定」は2万円になってしまうことになる。ケース2の場合は、二つの心理勘定が別々に働いた結果、「コンサート勘定」は1万円のままで、「現金勘定」から1万円が追加計上されることになる。そのため、本来は同じことなのだが、1万円を払ってコンサートを見ようという気になるのだ。

この例では、いずれのケースでも、チケット購入に関連する費用は1万円であり、経済的支出は変わらない。つまり、この当事者の貯蓄バランスはケース1、2のどちらの選択を行ったとしても変わらないわけである。にもかかわらず、実証研究では上述の結果が得られている。ここにも人間の非対称的な心理が表れている。

※ロスカットルール
保有している金融商品の時価がある一定以上値下がりした場合、機械的にその金融商品を売却して、追加的な損失を回避することを目的に設定されたルール。

4

フレーミング効果とコントロール願望
——私たちの決断は、なぜかくも「もろい」のか？

1 受け取り方が意思決定を左右する!
——フレーミング効果

一般的に、情報の受け手の意識が固定化してしまうことによって、事実誤認が発生することを「フレーミング効果」という。

同じ内容の情報であるにもかかわらず、情報の受け取り方によって大きく印象が異なるという経験をされたことはないだろうか。

たとえば、会社の仕事に追われている中で、2日後には決算関連書類を上司に提出しなければならない場合を考えてみよう。「もう2日しか残っていない」と考えるのと、「まだ2日残っている」ととらえる場合では、心理的ストレスはどちらのほうが大きいだろう。多くの場合、後者のほうがゆとりを持って作業に臨むことができ、ほかの仕事も順調にこなせることだろう。一方、時間がないと思って焦って作業に取り掛かった結果、ミスが多発し、そのほかの作業に手が回らなくなることも想定される。

行動ファイナンスでは、同じ事実であっても受け取り方の差異により異なる効果が現れることを「フレーミング効果（Framing Effect）」と定義している。ここでは、フレーミング効果の影響を理解するに当たって、行動ファイナンスの創始者であるカーネマンとトベルスキーが行った実験とその結果を紹介しよう（カッコ内の数字は、①と②のプロセスについて、選んだ被験者の割合である）。

A　最初に１０００ドル受け取る。次に、①ほぼ確実に５００ドル受け取ることができるか（84％）、②50％の確率で１０００ドル獲得できるが、50％の確率で何も得ることのできない賭け（16％）のどちらかを選ぶ。

B　まず２０００ドル受け取る。次に、①ほぼ確実に５００ドルを失うか（31％）、②50％の確率で１０００ドルを失うが、50％の確率で何も失わない賭け（69％）のどちらかを選ぶ。

この２つのゲームの最終損益は経済価値の観点では均一である。つまり、A、B両方のゲームとも、①のプロセスでは合計して１５００ドルの確実な利益と、②のプロセスでは１０００ドルを獲得する確率が50％、２０００ドルを獲得する確率が50％のゲームのどちらかを選択することであるからだ。

このゲームを2段階に分かれたものとして分析してみよう。まず①のプロセスでは確実なゲームが行われる。そしてこれを受けて②のプロセスへのリファレンス・ポイントが形成される。注意して考えれば、Aでは当初の1000ドルに比べてリファレンス・ポイントが利益（プラス）の局面に移動しているのに対して、Bでは当初の2000ドルに比べてリファレンス・ポイントが損失（マイナス）の局面に移動していることがわかる。

つまり、人間の心理状況によって、最終的な経済効果が同じであるにもかかわらず、Aの参加者とBの参加者が想定する展開には差異が生じる可能性がある。この実験の場合、最終的な経済効果は同じであるにもかかわらず、情報の受け取り方が1000ドルから出発して金額が増加するのか、あるいは2000ドルから出発して金額が減少するのかというプロセスの差異によって、参加者の意思決定が異なってしまったのである。

2 コントロール願望が錯覚を生む

状況をコントロールしたい、という根源的な欲求が、「すべては自分の思うがまま」という錯覚を生み出すことにつながり、意思決定に歪みをもたらす。

私たちには、損失や利益が発生する局面が起こると自分自身に都合がいいように解釈してしまう傾向がある。それは、まさに人間心理のもつ非合理的側面がなせる業《わざ》である。

合理性を基準として考えると、利益が発生していても今後の株価上昇が見込めるのであれば、投資は継続するのが合理的な判断となるはずだ。逆に損失が発生しているとき、さらなる損失が見込まれるのであれば、損切りを行い新たな収益機会を模索するか資産保全を目的としてキャッシュで保有しておくことが合理的な判断だ。もちろん、こうした意思決定は投資家のリスク許容度によっても異なるため、すべての投資家に対して一様に当てはめることはできない。

だが、それは言うほど容易なことではない。利益幅の拡大と損失幅の縮小を狙った意思決定はこれまで見てきた通り難しい。コミットメントの大きさ、そして情報の解釈の方法に併せてさまざまなことを「コントロールしたいという欲求」も私たちの行動に影響を与えている。何らかの事象をコントロール（支配）したいというインセンティブは、多くの人が抱いている根本的な欲望だろう。

たとえば、小学校のクラス会などを観察していると、必ずといっていいほど、何人かの児童が話し合いの中心に立とうとする。一方で、話し合いの中心に出ることができず隅でじっとしている児童もいるが、こうした児童も何とかして自分も話し合いの中心になりたいというフラストレーションを抱えているという。色々なことをコントロールしたいというインセンティブは、自我の強い者の専売特許ではなく、私たちの誰もが潜在的に抱いている心理的要因なのだ。

金融市場は、端的に表現すると「勝てば官軍、負ければ賊軍」の実力主義社会である。どれだけ投資家が自分自身の運用能力に固執したとしても、一定期間の運用成績を数値化して比較すれば、優劣は明らかになってしまうからだ。その中で、すべての市場参加者はアナリストやストラテジストの分析能力や、市場端末を用いた高度なモデル開発、そして自分自身の直感などによって周囲よりもいち早く収益機会を獲得しようと画策している。その結果として、市場が自分を中心に回っているという欲望を、知らず知らずのうちに満たしたいと思うようになるのだ。

3 コントロールへの欲求は「自己中心的」

私たちは、コントロールできなかったことは他人のせいに、できたことは自分の手柄にしてしまいがちだ。これらは、「コントロールイリュージョン」がもたらす思い込みである。

気質効果(112ページ)は、利益や損失の発生という状況の変化に合わせて自分自身の心理状況を対応させる。それは、どちらかといえば「受け身的な対応」である。これに対して「コントロールへの欲求」は、市場のすべてが自分を中心にして回っていると思いたがる、「能動的な心理的要因」である。自分は有能な運用者であり、市場は自分を中心にして展開していると思い込んでしまうのである。これは心理的要因のみにとどまらない。

たとえば、二つの被験者グループに集中力を要する作業をしてもらうとしよう。被験者グループAは騒音の中で作業をしなければならず、しかもその騒音を止めることは許されない。被験者グループBは同様の環境で同じ内容の作業を課されるが、騒音を止めるスイッチを使うことを許されている。ただし、できるだけ騒音を消さずに作業をしてもらう。この場合、騒音を消していなくても被験者グループBの方が優れた結果を出すことが知られている。

この実験から、騒音という集中力を阻害する要因だけでなく、その阻害要因をコントロールできるという状況、つまり環境を自分の意志でコントロールできるという状況が、集中力に影響を与えていることがわかる。

このように、何かをコントロールできることは、心理的余裕となって私たちの能力を引き出す要因になる場合もある。だが一方で、自分自身が能動的に状況を支配したいという心理的欲求の強さは、時として周囲の動向とは逆の選択を取ることにつながりかねない。その点には、十分な注意が必要だ。

コントロールに関してはまず、内的統制と外的統制の二つがあることが知られている。内的統制とは、事象の原因がどの程度自分に依存しているかという考え方であり、一方の外的統制は、事象の原因がどれほど他人や周囲の環境に依存しているかを示す。

成功した場合、「自分の能力の賜物《たまもの》だ」とすべてを内的統制に基づいて解釈しようとする傾向があるし、反対に、やってはみたもののうまくいかなかった場合、「周囲の協力体制が整わなかった」、あるいは、「外部環境が妨げとなった」という具合に原因を自分以外の要因に転嫁しようとする傾向がある。

重要なポイントは、実際に行動主体がコントロールの能力を実質的に有しているか否かではなく、主体が「自分自身にはコントロールの能力が備わっている」と認識しているかどうかである。多くの場合、コントロールできないことを支配できると思い込んでいる、すなわち「コントロールイリュージョン」を抱いていると考えればよい。

4 「コントロールイリュージョン」5つの要因

コントロールへの欲求には、5つのタイプが存在する。これにより、私たちの認知は簡単に歪められてしまい、適切な意思決定ができなくなる恐れがある。

コントロールには次の5つの形態があると指摘されている。

①影響力を通じたコントロール
②予測を通じたコントロール
③影響力のある要素の認識によるコントロール
④事象の事後的説明
⑤ネガティブな結果の過小評価によるコントロール

以上がコントロールの5形態である。順番に内容を見ていこう。

①影響力を通じたコントロール

このコントロール形態は、5つの中でも最も重要な概念だ。人は、自分自身の能力によって状況を支配したいという欲求を抱いている。自分自身の存在が、周囲へどれだけの影響力をもち、状況をコントロールできるのか。その範囲が大きければ大きいほど、私たちは満足感に浸る可能性が高い。

コントロールにより影響力を持とうとする欲求の根源は、能力としてのコントロールにあるのではなく、あくまでも一種の幻想が根拠となっている。となると、ディーラーやポートフォリオ・マネージャーといった一人ひとりの投資家でさえ、時と場合によっては、自分の影響力はすさまじいという幻想に浸ってしまう可能性がある。

小さな企業組織でさえ、多様なインセンティブが交錯する中では、一人の影響力をもってして組織全体を支配することは困難だ。あるいは、昨今のような経済危機や金融危機の状況に至ると、中央銀行は、何とか企業あるいは市場を持ちこたえさせようとして、多額の資本金や公的資金を投入するが、それをもってしても短期的に状況が改善するケースはほとんどない。

たとえば、リーマン・ショック後の金融危機において、米国、英国、欧州、そして日本の中央銀行は過去に例をみないほどの資金を市場に投入し、市場での流動性※を確保しようとした。それにもかかわらず、2008年の9月以降も金融市場は下落を続け、ようやく反転の兆しが見えたのは2009年3月中旬になってからである。

このように今日のような金融市場の環境では、一人の投資家、一企業、そして一国家が世界の市場に対する支配を行うことにはかなりの無理がある。この事実は情報処理技術の進展とともに、より厳しいものとなっていくだろう。そして多くの投資家も冷静に考えれば自分自身の意思決定によって世界の市場を支配することが容易ではないとどこかでは気づいているはずだ。しかし、そうした冷静な見方が常にできるわけではない。ここに心理が織りなす難しさがあるのだ。

②予測を通じたコントロール

将来は不確実であり、多くの場合、予想に反する展開が発生する。短期長期にかかわらず将来を予測することには限界がある。だが、仮に高確率で将来の展開を当てることができるのなら、私たちは自分自身の予測能力が優れていると思うだろう。そして予め将来に備えることで、自分自身の予測を利益につなげることもできる。だからこそ、投資の世界において、使える情報をすべて使って周囲よりもよいリターンを獲得しようと投資家が躍起になるのだ。

予測を通じたコントロールとは、将来の展開を予測し、その結果として実際に利得を高めたとき、「自分の思った通りになった」と、あたかも「自分の予測能力の通りに将来がもたらされた」という思い込みを抱きがちだ。

将来の資産価格がいくらに収斂《しゅうれん》するのかということは、予測困難な営みである。もちろんモデルを用いることによって、一定の予測レンジを算出することは可能であるが、そのレンジに将来の資産価格が収斂するかどうかは現時点では判別するすべがない。

例として、年金運用のあり方を考えてみよう。多くの場合、年金運用の手法はアクティブ運用、パッシブ運用、そして絶対収益追求型の三形態に分類可能だ。アクティブ運用であれば、S&P500やTOPIXといったベンチマーク（リターンを評価する際の指標のこと）を上回る運用成績を出すことを目指している。またパッシブ運用は、そうしたベンチマークと同じリターンを獲得することを目指している。絶対収益追求型の運用はメルクマールとなる市場金利を上回るリターンを目指す形態である。

読者の中に、アクティブ運用の手法に疑問を持ったことがある人はいないだろうか。アクティブ運用に関しては、いくつかの考え方が可能だ。たとえば、「経済収益の果実としての株価上昇をより効率的により高く追求する姿勢だ」、「ポートフォリオ・マネージャーが果敢にリスクを取ってより高いリターンを目指す姿勢だ」といった表現が想起される。だがここで最大の問題となるのは、アクティブ運用のポートフォリオ・マネージャーが市場平均を上回るリターンをもたらせる人物だという保証が、どこにもない点である。

このようなとき、コントロールイリュージョンがもたらす弊害が大きな問題となる。たとえば、数か月の間、首尾よく市場平均を上回ることのできた運用者は、「自分には運用能力がある」という認識を強くするかもしれない。ただし、市場を上回る超過収益（アルファという）は偶然の産物であるかもしれない。結果として、※リスクエクスポージャーが過大になり、一方でリスクコントロールが散漫になってしまう傾向がある。

③影響力のある要素の認識によるコントロール

意思決定において、物事の展開に重要な影響を与える要因を把握しているからといって、その発生プロセスや結果に大きな影響を与えることが可能なわけではない。本当に自分自身の思った通りに物事を進めたいのであれば、関連する可能性のあるすべての要因をほぼ完全にコントロールしなければならない。だが、それは困難なことだ。

投資に関する意思決定においては、リスクとなり得る要因は無数に存在する。その内容も把握しやすいものから、理解することさえ容易ではないものまでレベルはさまざまだ。投資家は理解できるものから順に検証を行う。そして、最終的には理解できないものは理解できないままになってしまう。実際の運用やディーリングの現場でも、市場のリスクをすべて把握し、理解することは不可能に近い。

例として、リスクヘッジ（リスクを回避するための手段）の問題を考えてみよう。現在の日本の個人投資家は、複利効果を追求して長期的な資産形成を考えるよりも分配型の投資信託を好む傾向がある。２００９年には、通貨選択型の投資信託が流行した。これは米ドル、ユーロ、オーストラリアドル、ブラジルレアル、南アフリカランド、トルコリラといった通貨を選択することによって、より高い運用利回りを得ようという仕組みになっている。このファンドは、通常の投資信託に比べてリスクが多く付随する。通貨、つまり為替相場のリスクは、一般的にプロの投資家でも対処することが難しい。各国通貨の変動幅は非常に大きく、一日で10%近くの上下を示すことも散見される。この点で、リスクをどのように把握して管理していくかという点は投資リターンを高めるために欠かせないポイントである。

では個人投資家は、何を影響力のある要素と認識して通貨選択型の投資信託への投資を行っているのだろうか。多くの場合それは、「金利の高い通貨は円に対して上昇する」、そして「その国の債券は高いクーポンが付いている」という限定的な情報でしかないだろう。つまり個人投資家の多くは、金利差という要因によって、選択する投資の帰結がうまくいくと思い込んでいる可能性が高いわけだ。

金融市場では、予め確率のわかっているゲームに参加するような、リスクをコントロールできる状況はほとんどない。たとえば、コイントスによって50％の確率で120ドルを得る、あるいは50％の確率で100ドルを失うゲームを100回繰り返すとするならば、生起確率が明示されている分だけリスクの計算は行いやすいだろう。（もちろん、どれほどの期待リターンを設定するかによってリスクの許容度は異なるはずであるが）

しかし、投資を行う際には、このゲームのように正確には生起確率がわからない。仮に、常に上位にランクインしているストラテジストが、今後3か月間で円安になる確率は65％だと言った場合と、友人が勘に頼って円安の確率を65％と言った場合ではどうだろうか。どちらも結論は同じではあるものの、投資家が得る納得感は大きく異なるはずだ。この場合、投資家自身は何ら円安の確率について分析していないにもかかわらず、ストラテジストの意見を聞いた途端に、今後3か月間での円安の確率は65％だと思い込んでしまう。

こうした他者の見解も、意思決定における影響力のある要素となり得る。「影響力のある要素の認識によるコントロール」とは個々人が置かれた状況によって、自分自身に都合がよくなるように認識しようとする心理的な特徴である。この点で、周囲を自分に都合のいいように同質化させてしまうと考えることもできる。そして、時として大きなリスクを見落とすことにもつながってしまうのだ。

④事象の事後的説明

「事象の事後的説明」というコントロールへの欲求は、これまでの3つに比べると相対的に影響力が弱い。私たちは事象を後から分析することによって、将来同様の事象が発生する場合のリスクに基づいて準備を行い、その上で過去の同様の事例の分析になぞらえて説明を行おうとする。つまり、一度失敗したからこそ、次に同様のイベントが起こった際には付随するリスクをある程度コントロールできるという心理状況を作り出していくわけである。

金融市場においては、この事後的説明の効力は大きい。２００８年のリーマン・ショックとその後に深刻化した金融危機で多くの資産を失った投資家は、自分が見落としていたリスク等を自分自身で十分に分析することが必要だ。あるいは考慮していたにもかかわらず、それを超える水準で市場が悪化した理由などを十分に理解し、今後のリスクに備えて損失を極力小さく抑えるべく行動するだろう。

主体的なコミットメントが強いほど、私たちは自分自身の意思決定にある種の「プライド」を持ってしまう。その場合、思った通りいかないことに対して自分自身が間違ったことを認めるのは、決して喜ばしいことではないはずだ。なぜならば、自分自身の失敗を認めるということは、ある意味では自己否定につながる行為だからである。

⑤ネガティブな結果の過小評価によるコントロール

自分にとってネガティブな出来事に対して「過小評価」することは、多くの人が日常的に経験していることだろう。投資に失敗して元本の大半を失ってしまったにもかかわらず、「たいしたことはない」と負け惜しみをするケースなどがその典型だ。ネガティブな結果を過小評価することによって自分自身への責めを軽減することができるからだ。

一方、ネガティブな結果を次へのステップとしてとらえなおすことで、マイナスの評価を緩和するむしろ前向きな考え方もある。たとえば、失敗した後にその内容を把握して、次はもっとうまくやれると考える場合がこれに該当するだろう。ただ人間は、なかなかそうした前向きな心理にはなりにくいものだ。「自分が間違っていた」と認めることは、心理的な苦痛を伴うのである。

このように、コントロールのあり方を変化させることによって、私たちは状況を自分に都合のいいように認識してしまう傾向がある。

※流動性

金融商品を買いたいときにどれだけ買えるか、売りたいときにどれだけ売れるか、を表す概念。

※リスクエクスポージャー

投資家がどれだけのリスクをとっているかを表すコンセプト。たとえば、株式をどれだけ保有しているのか、債券をどれだけ保有しているのかによって表される。

5 コントロールへの「欲求不満」はなぜ起こる?

コントロールの欠如に対するフラストレーションは、3つの要因がもとで起こり、さらなるコントロールイリュージョンへとつながっていく。

前節で見てきた5つの類型の中で、金融市場において最も多く見られるのは「影響力のある要素の認識によるコントロール」だろう。金融市場では、常に将来の不確実性を相手にしているため、特定の要因を見つけ出して対応しようとする動機が働きやすい。この類型においては以下で見ていく3つの要素が重要な要因となる。

①結果の規模とその符号

意思決定の結果がプラスなのかマイナスなのかは、意思決定主体にとって重要であることは言をまたない。結果が自身にとってプラスの内容であれば、たとえ判断根拠を間違えたとしても（いわゆる結果オーライ）、判断に対するネガティブな心理は結果がプラスという事実によって減殺《げんさい》されるからだ。一方、結果そのものがマイナスであれば、自身の思惑と異なる結果が出たことに対するフラストレーションが高まり、自責の念が雲のように大きくなるかもしれない。

そして、投下した金額が少ない場合であれば、投資家はそれほど大きな注意を払うこともなく、コントロールもあまり意識されずに終わるだろう。しかし大きな金額を動かすとなると、その分自分自身の見通しと展開が合致しているのかということに、気が気ではなくなってしまう。この場合は、先物などを活用して価格の下方リスクをヘッジすることで、状況をコントロールしているという意識を高めることができ、安心感を確保しようとする行動にもつながる。

これまでに投資した経験のない金融商品に資金を投下する場合も同様だ。たとえば、日本株にしか投資したことのない投資家が中国株式に投資を行ったケースを考えてみよう。この投資家にとって、どれくらいの金額を中国に回すかという意思決定は、自分自身の安心感を維持する上で重要なポイントとなる。日本株に回しているのと同程度の金額を中国株式に回すのであれば、はじめてのフィールドへの船出なので大きな不安を抱くはずだ。反面、日本株に回している資金のほんの数パーセント程度を回すのであれば、中国株への投資は遊び程度にしか映らないかもしれない。

②不確実性

仮に日本株にしか投資したことのない投資家が中国株にも手を出すとき、中国の経済動向や政策動向を精緻に分析することによって、中国株への投資に伴う不確実性を軽減できるかもしれない。不確実性への対応に関しては、意思決定主体の能力やセンスといった定性的な面がより重要になるだろう。

不確実性に対するコントロールの欠如は、意思決定主体にとって大きなストレスとなる。不確実性をそのまま受け入れざるを得ないとなると、投資家は、時として大きな不安に直面せざるを得ない。この点で、**コントロールへの欲求は不確実性回避への動機と対をなしている。**

③意思決定の結果を個別評価とするか、全体評価とするか

たとえば繰り返し実施されるゲームに関しては、ゲームの回数が進むにつれてリスクの生起確率が統計的に計算できることがある。このとき、コントロールの欠如に対するフラストレーションは、ある程度緩和されることが想定される。確率のロジックが成立するという安心感が、不確実性という大海の中で灯台の役割を果たしてくれるからだ。たとえば、回数の増加とともに収益が増えているのであれば、ゲームの参加者は目の前の利得を早く確定させるためにゲー

ムから降りたいと感じることもあるだろう。一方、損失が徐々に拡大しているのであれば、名誉挽回を期待してより大きな金額をつぎ込むかもしれない。

だが、繰り返し行われるゲームであっても、1回1回のゲームを独立のものとする場合には状況が異なる。ゲームの参加者はその都度、リスクを勘案して意思決定を下さなければならない。このとき、自分自身のコントロールの欠如は大きな心理的不安となって投資家心理に影響する。リスク愛好的な参加者であればためらうことなく個々の試行に参加するだろう。一方で、リスク回避的な参加者であればゲームそのものに参加することすらためらうかもしれない。

金融市場でいえば、一般的に、相対的に長い期間を評価対象とする投資家ほどコントロールの欠如に対するフラストレーションは小さくなる。評価期間が短くなるほど投資家は自分自身の意思決定の不確実性と市場展開の不確実性、そしてコントロールの欠如に対するフラストレーションを感じずにはいられないはずだ。このため、短期間の収益をどれだけ獲得できたかで勝負が決まるディーラーは、年金運用のポートフォリオ・マネージャーに比べて厳しい意思決定を余儀なくされているといえる。

ディーラーにとっては、短期的な見通しが実現してほしいという心理が、それ自体として一人歩きしてしまい、何としても達成したい目的にすりかわる可能性が高い。仮にその見通しが適切ではないとしても、ディーラーは自分自身の一度立てた見通しに執着してしまいがちで、当初想定していた以上のリスクを背負ってしまうことになる可能性もある。こうなると、客観的な判断以前に自分自身の主体的な思い込みによってコントロールの欠如が払拭されてしまうことになる。ここにコントロールイリュージョンが投資行動に与える影響の大きさが隠れている。

6 「行き過ぎた」コントロール願望

コントロールイリュージョンによる全能感は、時として「成功はすべて自分の実力、失敗はすべて環境のせい」など、行き過ぎた楽観論を生むことがある。

コントロールイリュージョンは、ランダムに発生している結果に対して、よい結果であれば「自分の関与がプラスに働いた、自分の優れた能力の賜物だ」ととらえ、自分は「何でもできる!」という一種の幻想にとらわれることだ。

結果、自分には能力があるから、「この先何があっても乗り切ることができる」という過剰な楽観論を生み出してしまう。

コントロールイリュージョンは、私たちが日常的に感じる過剰な「自信」と表現することもできる。こうした「こだわり」のようなものこそが、市場においてアノマリーと呼ばれる事象を作り出す要因の一つとなっている。特に情報が限られたケースでは、人間はその予測能力を用いて自分なりの論理展開を行い「これで納得」という一種の自信を作り上げて意思決定を行う。こうして、人間の心理は「自信＝自分には知識も能力もある」という幻想をもたらしてしまうのだ。

しかし、その自信が、客観的に把握可能な知識や能力と同質なものでないということは明らかである。私たちの非合理的な意思決定の源泉は、こんなところにもあるのだ。

7 コントロールイリュージョンにどう対処すればいいのか?

コントロールイリュージョンから完全に逃れることはできない。だからこそ、日ごろから「周囲の意見に耳を澄ます」という当たり前のことが重要なのだ。ここでは事例からその重要性を指摘する。

コントロールイリュージョンの事例として、友人のアナリストJ氏の逸話を紹介しよう。彼はITバブルの折、インターネット銘柄担当のアナリストとして活躍していた。彼は、ITバブルが始まる少し前まで別の証券会社で株式の営業マンをしており、ベテランアナリストに比べると経験も知識も不足していた。だが、知識の少なさをカバーしようと必死に勉強し、資格試験にも合格するうちに、徐々に周囲の注目も集まるようになり、知らぬ間に「自分はできる」と過信してしまったのだ。今の市場環境はバブルだと指摘する声が多かったにもかかわらず、J氏はまさにバブルの震源であるITセクターの株価が上がっているのは、自分の予測の正しさを証明していると思い込んだのだ。当時、J氏とベテランアナリストが提出した、あ

図表 2-11 アナリストの評価はここまで歪む！

	J氏の調査内容	ベテランアナリストの調査内容
企業概要	・インターネットポータルサイト運営 ・利用者多数	・見かけはポータルサイトの運営 ・事業基盤には疑問あり
財務内容	・相対的に高いROE	・果敢なM&Aの結果として負債残高を懸念
今後の展望	・M&Aを通した事業拡大と売上高増加期待	・収益は財テクに依存、高レバレッジ体質
推奨	・買い	・売り

る銘柄に対するレポートの内容を見てみよう。

図表2‐12を見ておわかりの通り、J氏はベテランアナリストと正反対の調査結果を提出した。当該企業の社長は若手の野心的経営者で、J氏は彼の言葉に大きく感化されてしまった。時を同じくしてJ氏の評判が徐々に社内で上がってきた。J氏は経験の少なさを忘れ、自信がみなぎるのを感じ、この銘柄の買い推奨を出したのである。

またあるとき、会社の株式営業部の友人から、この銘柄を投資家に売り込みたいのでその支援材料になるレポートを書いてほしいと依頼されていた。営業成績への貢献がボーナスに響くことからも、「買い」推奨を出すインセンティブがJ氏にはあった。結果として、経営者への憧れとボーナスへのインセンティブ、そして自分の能力への過信が重なって、この株は上がると思い込んでしまったのである。

ところが、翌月この企業は倒産してしまった。ベテランアナリストの指摘にあった通り、盤石な収益源を持たないまま財テクに依存してきた経営に無理が生じたのだ。市場の過熱感も最高潮に達していたため債権の焦げ付きを懸念した銀行が、融資の引き揚げか金利の引き上げのどちらかを選択するように経営陣に打診し、結果として融資が引き揚げられたのだ。そしてたちどころに資金繰りが悪化して手形の不渡りが発生してしまったのであった。

温厚な上司のおかげでJ氏は幸いにもアナリストの職を解かれずに済んだものの、ベテランアナリストと自分の力量の差を痛烈に感じた、と後日語っていた。

このようなコントロールイリュージョンにまつわる失敗談は、それこそ枚挙に暇がない。かつて市場関係者を震撼させたエンロンの破綻前夜、大手証券会社のアナリストはこぞって、「これからはエンロンの時代」ともてはやしていた。

コントロールイリュージョンは情報が限定的な場合や「専門家」と称される職種ほど大きな影響を与えがちである。その意味では、アナリストの収益予想には常に主観的バイアスがかかっていると考えたほうがよいかもしれない。

こうした問題に対処するには、客観的に自分の考えを見直すしかない。そして、それは意外と簡単なことかもしれない。たとえば、新聞記事の中から自分の意思決定に関わるコメントを探す、あるいは、自分よりも経験を積んだ先輩のアドバイスを参考にしたり、第三者の見解を自分の中に取り入れ、それを分析することなど、少しの注意で抜け出すことは可能な場合もある。常に、自分の論理展開を客観的に振り返り、他者の意見を取り入れることで、失敗のストレスを軽減させることができるのだ。

第3章

直感はどこまで当てになるのか？

——何度も同じワナにハマる心

1

ヒューリスティック
――勘を信用しすぎる人間たち

1 意思決定の単純化をもたらす「ヒューリスティック」

「ヒューリスティック」とは、物事を直感的にざっくりととらえることである。この働きのおかげで、私たちは迅速かつ迷わずに意思決定を下すことができる。

直感の働きを理解しよう

これまで述べてきた通り、私たちの意思決定は、合理的な判断という観点以前に、自分自身のコミットメントや心理状態、気質効果やコントロールへの欲求という極めて主体的な要因によって左右されることが多い。

私たちの判断力は、将来を確実に的中させることができるほど完全なものではない。情報の把握の仕方も、個人によって大きく異なる。ただ、その把握の仕方は、大枠では共通している部分が多いと考えられている。その共通点とは、数ある情報を一つひとつ細かく調べて理解していくのではなく、物事の大枠をざっくりとつかんで行動に取り掛かるという点である。

図表 3-1　ヒューリスティック：複雑な情報を単純に把握する心理的営み

たとえば、以下の図をどう説明するだろうか？

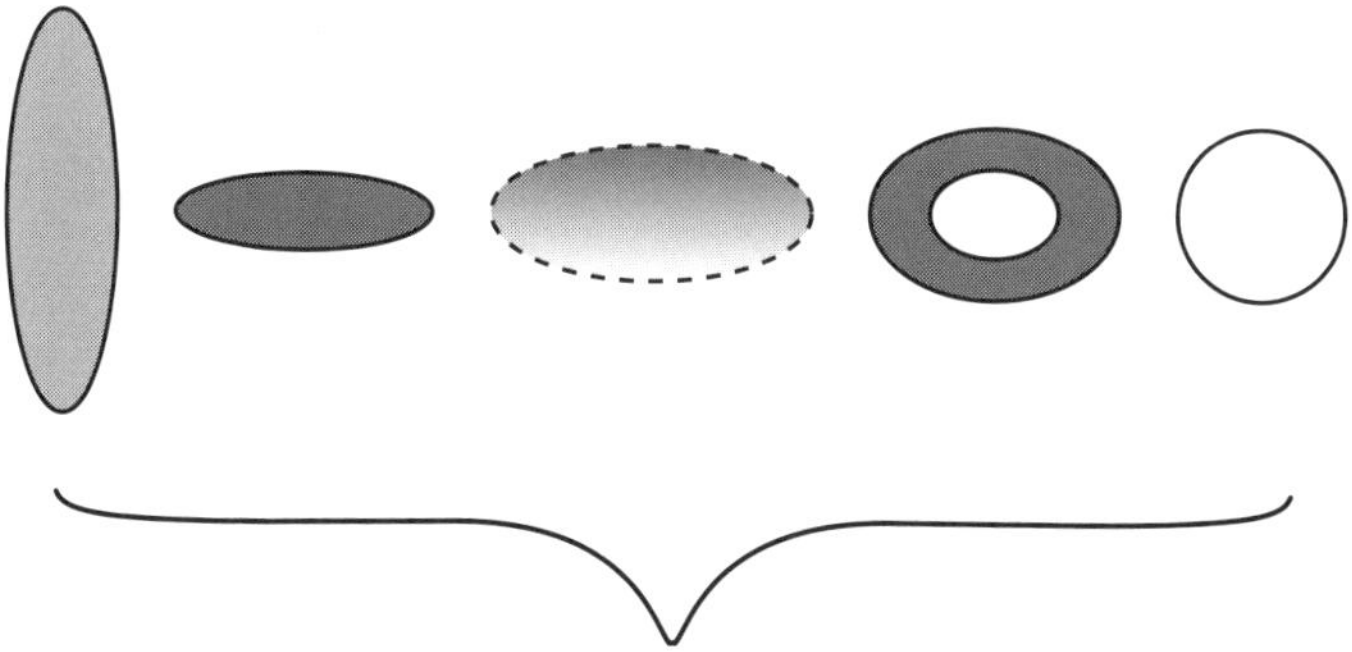

すべて、円をもとにした図形である
⇒大きさや、色、実線か点線かといった詳細を抽象化

ここで重要になるのは、行動ファイナンスで「ヒューリスティック」と定義される認知様式だ。ヒューリスティックは、行動ファイナンスの理論の中でも中心的なコンセプトの一つである。ヒューリスティックとは「物事をざっくりと、直感的につかむ」ことを意味する。私たちの日常生活を振り返ってみても、ある事象を直感的にざっくりと把握することは多い。情報の選別はずいぶんざっくりと行われている。

これも、例を挙げて考えてみよう。

「日本の半導体市況の先行きは明るいですか？」

このような質問を受けたとき、読者ならどのように答えるだろうか。まずは、半導体産業の企業名をいくつも思い浮かべるだろ

図表 3-2 日本の半導体市況の先行きは？

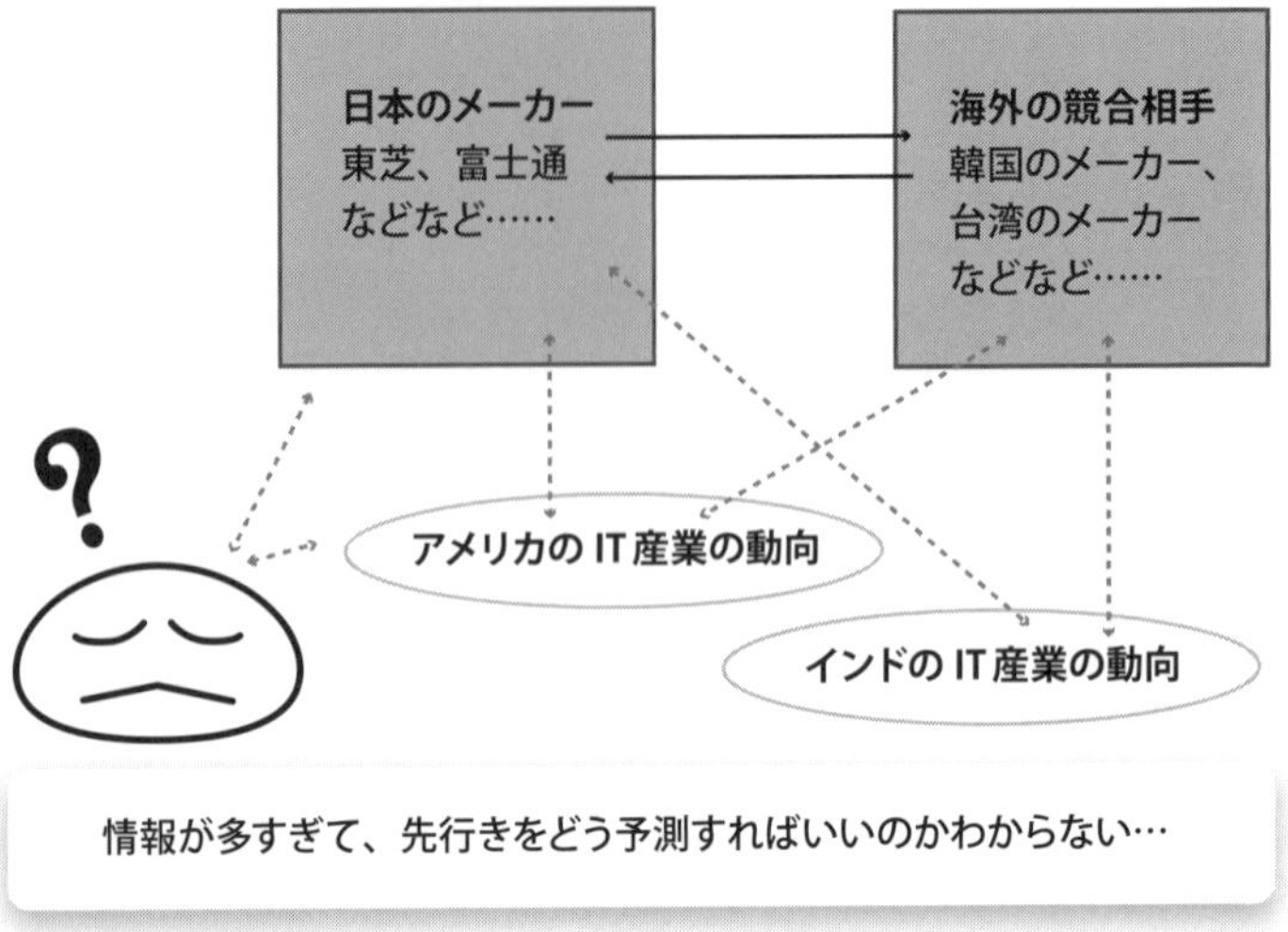

う。たとえば東芝や富士通など、さまざまな企業名が思い浮かぶ。もしかしたら、いま挙げた日系企業と競合している海外メーカーの名前も脳裏をかすめるかもしれない。特に近年は韓国のＬＧやサムスン電子、台湾の半導体メーカーの存在感が世界的に高まっている。また、アメリカのＩＴ産業などの動向もよくニュースになっている。シリコンバレーのＩＴベンチャー企業の収益や今後の事業展開などは、今後の世界の半導体市況にも影響を与える可能性がある。さらに、インドのＩＴ産業の事業展開の動向も、今後の半導体市況の先行きに影響を与える可能性は無視できない。

こう考えていると、どうやって今後の半導体市況の動向を予測すればよいのか、その議

図表 3-3 半導体市況へのヒューリスティックの形成過程

友人のコメント「台湾の株式市場は、世界の半導体市況の先行きを示している」

↓

台湾の株式市場の動向：大きく下落している

↓

↓

日本の半導体メーカーの業績見通しは暗い！
だから、日本の半導体市況の先行きも暗い！

ヒューリスティック
さまざまな情報（数値データなど）をざっくりと大まかに（直感的に）把握して、頭の中に残っている情報だけで整理して回答（意思決定）する。

論の出発点すらわからなくなってしまうかもしれない。

そうしたときに、友人から聞いたこんなことを思い出したとしよう。

「台湾の株式市場は半導体銘柄のウェイトが高い。台湾の半導体メーカーの世界でのシェアは高く、台湾の株式市場の動向を見れば、ほぼ、世界の半導体市場の先行きがわかる」

このとき、こう考えはしないだろうか（図表3－3）。

「台湾の株式市場は今、大きく下落している。そして、日本の半導体メーカーのシェアは近年、台湾のメーカーに奪われている。半導体価格も下落している。となると、日本の半導体メーカーの業績見通しは暗く、半導体市況の先行きも暗い」

この友人の発言を思い出した瞬間、最初に頭に浮かんでいた個別の企業名や各国の半導体、あるいはＩＴ関連産業の動向は無視され、台湾の株式市場が日本の半導体メーカーの業績見通しを示しているという、実にシンプルな思考プロセスが構築されるのだ。

このように、複雑な情報に取り囲まれた中で、頭の中に記憶されているデータやコメントなどをもとに、直感的に判断を行うこと、それがヒューリスティックの本質である。

情報の交通整理役、ヒューリスティック

他にも、こうした直観的な判断を行うことは日常生活の中でもよくあることだ。たとえば、テレビのニュースで見かける街角での景気動向インタビューでは、「株価が下落しているから、景気は悪化するでしょうね」、あるいは「週末なのに銀座のような繁華街でもタクシーを使う人が少ないから、景気は冷え込んでいますね」といった受け答えを耳にすることは多い（もちろん、こうした街角の景況感を厳密に論証するためには、かなりの労力を必要とするが、不況下でのこうしたコメントは多かれ少なかれ、大きな経済の動向に一致していることが多い）。私たちは株価、あるいはタクシー利用者という、自分の頭の中に残っているデータや仕事の経験をもとに回答を導き出しているのだ。

図表 3-4 ヒューリスティックと意思決定

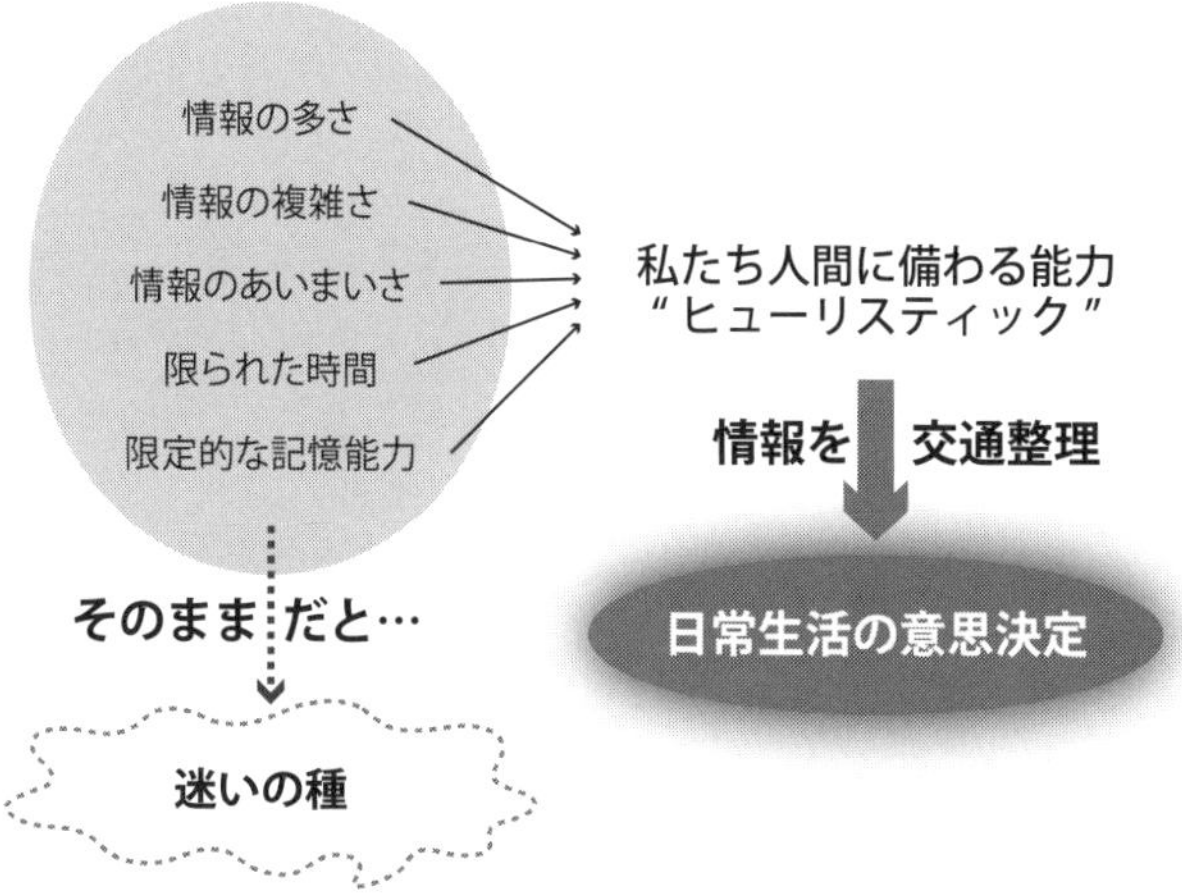

私たちは、テレビやインターネットを通して、ありとあらゆる情報に囲まれて日々の生活を営んでいる。そしてその時々で、さまざまな判断を行っている。だがその時々で、関連するすべての詳細な情報を整理した上で決断を下そうとすると、コンピューターのようなずば抜けた能力がなければ困難だ。しかも多くの場合、限られた時間の中で、とっさの判断や意思決定を求められていることが多い。そのため、事細かに情報を吟味している余裕もない。裏返していえば、取捨選択により、判断や意思決定の対象を大づかみに捕まえていても事足りるわけだ。

すでに頭の中にある情報を用いてアクションを起こす際でも、直感的に対象の概要をとらえて、それに合致する内容の情報を当てはめているはずだ。

このように物事のエッセンスをつかんで、反射的に行動を起こすことは、地震の際の身の隠し方などにも現れる。グラグラと建物が揺れる中で身の隠し場所を探す場合、とっさに机の下にもぐることが多いだろう。

意思決定のために与えられた時間が短ければ短いほど、あるいはいち早く判断しなければ周囲に遅れてしまう、といった状況になるほど、私たちは直感的に判断を下して意思決定を行っているものだ。

2 ヒューリスティックは「諸刃の剣」？

ヒューリスティックが持つ、情報を「単純化して迅速に」という働きは、プラスにもマイナスにも働く。マイナスに働けば、重要な情報を思い込みで逃してしまうことがある。

ただ、「ヒューリスティック」はよい点ばかりではない。問題となるのは、単純化しすぎるあまりに、事象自体を一種のパターン化してしまうことである。パターン化してしまうことで、物事の重要な要素を見落としてしまう可能性が高まってしまう。また、単純化によって物事がわかりやすくはなったものの、今までの事例と異なった要素を見落としてしまうことが懸念される。そうした場合には、ヒューリスティック自体が、それぞれの経済主体の適正な意思決定を阻害する可能性もある。

投資行動について見ていこう。ここでも、「ヒューリスティック」は大きな影響力を持っている。先の半導体市況の例にもある通り、その産業の動向を表していると言われている株式市場の動向を見て、実際のポートフォリオの組み入れ銘柄を変更するといったケースは、プロの世界でもよく行われている。

また、アメリカにハリケーンが上陸して多くの住宅が破壊されたため、今後の住宅需要を期待して住宅関連柄銘柄を買う行動もヒューリスティックの一例だ。日本でも、関東大震災が発生した際に、都市が壊滅的な打撃を受けたと耳にした相場師が、とっさに「関東では今後バラック向けのトタン板需要が必ず高まる」と考えてトタン板を買い占め、巨利を手にした事例もあるという。これまでのハリケーン到来の後、住宅関連銘柄が上昇したという記憶も投資を行う要因になるかもしれない。

だが逆に、時間をかけて足許の経済状況に目を向けると、住宅市況はサブプライムローン問題によって下降局面にあること、政府の財政難から災害支援が行われないことによって、ヒューリスティックによる判断とは異なる結果につながる可能性も排除できない。

ヒューリスティックを前提に考えれば、これまでの失敗の原因を理解し、今後のよりよい意思決定につなげることができる可能性が開けてくるかもしれない。

3 必要な情報までも切り捨ててしまうなんて！

——単純化

複雑な情報であっても、ざっくりつかむことで意思決定を促進してくれる働きが「単純化」だ。だが、リスクの見落としなど、負の側面も持っていることに注意すべきである。

「単純化」とは、ヒューリスティックの中でも典型的な情報処理の手法だ。複雑な情報をざっくりとつかむことによって、私たちは複雑さ、すなわち理解しにくいという問題を克服できる。そのため、情報を理解する際に感じるストレスを軽減することが可能だ。

私たちは、ありとあらゆる数字に囲まれて日々の生活を行っている。たとえば金額の大きい場合は「○○億円」と桁を切り上げてしまうことや、小数点以下に関しても小数第2位で四捨五入を行うことなど、把握しやすいように数字を整理する。これは単純化のよい例だ。四捨五入くらいであれば、事後的に深刻な問題を起こす可能性は極めて低い。

図表 3-5 バッター3人の打率

	年齢	昨年の打率
選手A	21	0.31
選手B	25	0.321
選手C	27	0.351

しかし、時として判断や意思決定の材料を単純化しすぎると、そのせいで適切な意思決定ができなくなる状態に陥ることもある。例として、あるプロ野球の球団が来期の補強のために若くて打率のよいバッターを探しているとしよう。

チームの編成部はA、B、Cの3選手に目星をつけ、できるだけ若くて、打率のよい選手の獲得に乗り出した。年齢の観点から評価を行えば、A選手が21歳と最も若く有望である。一方、昨年の打率をもとに評価すると、C選手の打率が3割5分1厘ともっともよい打率となっている。しかし、C選手の年齢は3選手の中で最も高い。つまり、年齢の観点から3選手を評価すれば「A>B>C」となる一方で、打率の観点から評価すると「C>B>A」となってしまい、どちらの評価ポイントを重視するのかによっては、どの選手を獲得すればよいのかわからなくなってしまう。

このような例は、投資の現場でも見られる。リスク回避的な投資家は、極力リスクを抑えてリターンを獲得したいと思っている。ところが、バブルの発生など投資家自身のリファレンス・ポイントが動く環境になると、リスクに対する認識が変化し始める。当初は国内の株式だけに投資しようと思っていたのに、周囲の強気な見方に影響され、より高いリターンを狙える新興国の株式への投資が魅力的に思えてしまう、というケースはよくある。この場合、当初の方針通りリスクを抑えるのであれば、国内の株式を選択すべきであるが、同時にリターン追求のインセンティブも大きくなっているために、リスクの高い新興国への投資も捨てがたい選択肢となっているのだ。

投資家にとって魅力的なリターンと低いリスクの2点が、ヒューリスティックによって単純化され、大きな要因と認識されている可能性が高い。その結果として、どちらに投資することが投資家自身にとって、より最適な意思決定であるのか、判断することができなくなってしまう。

この点で、投資信託の存在は、意思決定の困難さに伴うストレスを軽減させる上で有用な金融商品といえるかもしれない。貴重な金融資産を増やしていくためには、どのような資産配分と銘柄選択が最適であるのか。多くの個人投資家は、簡単にその答えを出すことができないだろう。そのとき、投資信託を考えると、不確実性はプロの運用者がコントロールしてくれるという、ざっくりとしたコンセプトが救ってくれることになるかもしれない。

ただし、単純化によって意思決定が促進されはするものの、リスクを見落とすことにもつながる可能性に「気づかない」ことこそ、単純化の罠である。その点には注意が必要だ。

4 いつの間にかインプットされた情報が判断を乱す！

――アンカーリング

知らない間にインプットされた情報が「アンカー（錨）」となって、知らず知らず意思決定に影響を与えてしまう。アンカーが間違った基準となってしまうことも多く、注意が必要である。

ここで解説する「アンカーリング（心の錨）」も、私たちが物事を判断したり、意思決定を行う際に大きな影響を与える可能性が高い。アンカーリングとは簡単に言うと、潜在的に意識の中に刷り込まれた重要な情報といえばよいだろう。

たとえば、ある実験で、被験者は国連加盟国におけるアフリカ諸国の比率を予想するよう出題されたとする。被験者は、最初にいくつかのグループに分けられ、ルーレットによってあるグループは65というように各グループに番号が割り当てられる。この後、被験者は自身の予想が、属するグループ番号よりも上か下かを問われる。

その結果は、とても興味深い。グループを表す数字の大小が、予想値の大小となって現れたのである。10が割り振られたグループは25%がアフリカ諸国だと回答し、65が割り振られたグループからは45%が回答として返ってきた。つまり、ルーレットで割り振られた数字が、頭の中に残っている可能性があり、そのために大きな数字を割り振られたグループの回答は大きな数字になり、小さな数字を割り振られたグループは、小さな数字の回答となったと考えられるのだ。

人間は、知らず知らずのうちに、それまでにインプットされた情報に頼ることが多い。高速道路で渋滞に会うと、あまり深く考えることなく、一般道路に下りてしまうケースがある。それは、私たちの頭の中に、「一般道路は混雑していない」という経験則が残っているためだ。ところが実際に出てみると、高速道路より混雑していることもあり得る。したがってこの「アンカーリング」も、人間の合理的な判断を歪める要因の一つと考えられる。時に、固定観念にとらわれない行動をとる勇気が求められている。

5 日常生活に潜む「アンカー」に気づけるか？

日常のいたるところに「アンカー」は存在しており、思い込みの原因になり、意思決定に悪い影響を与えている可能性がある。2つの例で、その危険性を紹介しよう。

昔、GDP成長率の予測をする機会があった。そのとき予想したGDP成長率は年率2・6%だった。その予想にはかなり自信があったため、2・6%成長という数字が頭の中に強力に入り込んでいた。

実際に発表されると、GDP成長率は3・6%だった。だが、自分の推計値が2．6%だったため、発表を見てからしばらくの間、「GDP成長率は、やっぱり**2・6**%だった」と思い込んでいた。その後、同僚に、「GDP成長率は**2．6**%ではなく、**3・6**%でしたね」と指摘されてようやく、「実際の成長率は、予測値よりも少し高めだった」ことに気がついたのである。それまでは、何の疑いもなく、自分の予測値通りだったと信じ込んでいたことに、そのとき気づいたのだ。恐らく、多くの人がこうした経験をしたことがあるのではなかろうか。

「アンカーリング」は数字に限ったことではない。他にも、さまざまなケースが考えられる。有力アナリストの株価動向の予測を例にとってみよう。今、有力アナリストが10人いて、今後の株価動向の予測をする。10人のアナリストのうち、8人までが今後、株価は上昇傾向をたどると予測している。株価が下がるという弱気のアナリストは、10人の中に1人しかいない。

この予想を何気なく、新聞記事の中に見つけたとしよう。すると、いつの間にか記憶の中に、「有力アナリストは、株価上昇を予測している」というアンカー（錨）が作り上げられてしまうことはよくある。つまり、投資家として株式市場を見るとき、どうしても強気に見てしまいがちになるのである。

そうこうしている間に、株価が下落傾向に転換してしまったとしよう。自分の意識の中には、「株は上がるはずだ」という鮮明なアンカーが存在するため、最初、頭の中では「これは何かの間違いだ、そのうち上昇してくるはず」との考えが優勢になってしまう。そうなると、株価が下落している理由を客観的に分析しなくなってしまう。いや、分析することをやめてしまう、とさえ言えるだろう。

株価の下落が続いてはじめて、「まずいな」と感じる。そこでようやく、株価下落の原因を考え出すことになり、アナリストが前提条件としていた要因が急変して、株式市場が本格的な調整局面を迎えたことを実感するわけだ。

このような自分の誤りに気づいて、慌てて保有している株式を売りに出し、処分する行動に出る、というのもよく聞く話だが、これが結果的に大きな間違いになってしまうこともある。含み損に耐えられず保有株式を処分したあたりが株価の大底で、株式を処分した後、株価は上昇傾向に反転してしまうケースである。結局、アナリストの予想によってできたアンカーに頼ってしまったため、株式を高値で買って、安値で売るという最悪の状況になってしまったのだ。そのとき投資家は、「なぜ、アナリストの予想を拠り所にしてしまったのだろうか？」とつぶやくかもしれない。

6 手近な情報で、全体が見えなくなる

——情報の利用可能性

ヒューリスティックの一種で、利用可能性の高い（利用しやすい）情報ほど過大に評価してしまう心の働きが「情報の利用可能性」だ。この働きには、「物理的な利用可能性」と「認知的な利用可能性」の2つがある。

利用しやすい情報と利用しにくい情報

人間の意思決定の助けにも、妨げにもなるヒューリスティック。ここでは、「情報の利用可能性」というコンセプトを説明しよう。この言葉は、読んで字のごとく、私たちの身の回りには、利用しやすい情報と、利用しにくい情報があることを指している。たとえば、今日の通勤電車の中で読んだ新聞の内容は、勤務先でのコミュニケーションに役立つが、数日前の通勤時に目にした新聞記事の内容はすぐには思い出すことさえできない。

図表 3-6 二つの「情報の利用可能性」

	基準	例
物理的な利用可能性	物理的に入手可能、あるいはアクセスしやすい情報。	インターネットＨＰなどに掲載される情報。新聞、テレビ、雑誌などで入手可能な情報。それぞれの個人にとって、入手の可否にほとんど差異が無い情報等。
認知的利用可能性	自分の記憶の中で、鮮明に残っている情報。あるいは、新しく入手した情報等。	自分の記憶や経験の中で、鮮烈な印象として残っているような情報。人間は意思決定を行う場合、心理的に、どうしても明確に意識にある情報を手っ取り早く利用することが多い。

日常、私たちは何かの意思決定を行う場合、判断の助けになるような情報が必要になる。全く情報がないと、それこそ暗闇の中で道を歩いているようなもので、どの道がどこに通じるか全然わからない。それでは、適正な意思決定をすることはできないだろう。全く情報の無いところで、ただ自分自身の勘だけに頼って道を選ぶのは、危険なケースもある。それは、コインを投げて、表が出れば右、裏が出れば左という具合に決めるのと、ある意味で同じことになるかもしれない。情報とは、私たちの日常の生活にとって、無くてはならないものである。

「利用しやすい情報」というとき、行動ファイナンスの理論では、上の図表３‐７に示す通り二つの基準がある。

一つの基準は、「物理的な入手可能性」だ。新聞や雑誌、テレビなどに出ている情報は、基本的に誰でも手にすることができる。投資に関わる情報でも、一般的な景気動向や企業収益などは、注意してみていれば、誰でも手にすることができるし、入手した情報に差があるわけではない。その意味では、「利用可能性の高い」情報ということができる。特に、インターネットの普及により、私たちは数十年ほど昔に比べると時差から受ける影響も格段に少なくなった。この点で、IT社会の発展は、今後、より物理的な利用可能性を高めることになるだろう。

認知的利用可能性

もう一つの「情報の利用可能性」は、人間の心理的な要因に関わるものである。カーネマンとトベルスキーは、人間の心理的な要因によって、使いやすい情報か否かを判断する基準を、「認知的利用可能性(Cognitive Availability)」と定義した。

人間の認知には、形のあるものばかりが該当するわけではなく、あるときは、形のない情報にも当てはまる。たとえば、玄関のカギを無くしたと思って、あちらこちら探してみたのになかなか見つからないといった経験も、認知的利用可能性の典型である。鍵が今着ているジャケットのポケットに入っているにもかかわらず、それに気づかずに慌てる場合がある。こうした反応が起こる背景には、アンカーリングによって「鍵は玄関の上にあるはずだ」という観念が形成されるため、特定の記憶が思考プロセスからはじき出されてしまうことが考えられる。

私たちは、何かの意思決定をするとき、色々な情報を頭の中で思い返してみたり、あるいはパソコンのインターネットを使って、新しい情報を入手することを考えるはずだ。鍵を無くしてしまったと思い込んで慌てふためく状況、あるいはそうした傾向があることを認識していれば、今後、同じような状況になったときに冷静に対応できるかもしれない。私たちの頭の中に残っている過去の経験は、とても有益な情報になる可能性が高いのだ。

ただし、私たちの記憶力には限界がある。すべての経験を克明に覚えていられるものではない。新しい情報が入ってくると、古い情報は忘れられがちになってしまう。そうなると、昔の経験の内容を忘れてしまった場合、その経験を使うことは出来ない。それを、「情報の認知的利用可能性」という言葉で表している。つまり、経験として頭の中にあるはずなのにもかかわらず、それがどこに行ったかわからないため、その経験を利用することができないということだ。

情報の利用可能性は何のために存在する?

ここまで、「情報の利用可能性」という考え方を説明してきたが、「そんなことは当たり前だ」と思う人も多いだろう。なぜ行動ファイナンスは、「情報の利用可能性」などというコンセプトを持ち出すのだろうか。

それは、人間が使う情報には、それぞれの人の「主観に基づいた」利用可能性があることを検証するためだ。人それぞれ、利用する情報に偏りがあるわけであるから、「その判断は常に正しいとは限らない」ということを前提としているのである。

では、どのようにすれば、情報の利用可能性を上手に使うことができるだろうか。特に、どのように過去の経験などを利用すれば、よりよい意思決定を導き出すことができるのだろうか。

これを実現するためには、過去の経験を論理的に分析し、記録しておくことがカギとなる。特に、失敗時の経験をいかに蓄積できるかは重要だ。意思決定を行う際に、過去の経験や失敗の経験を、どれだけ客観的に分析できるかが、情報をよりうまく利用するための第一歩である。

2

初頭効果と代表性バイアス
――情報の受け取り方ですべてが変わる

1 聞いた順番で印象が変わる？①

——初頭効果

ヒューリスティックの一種で、最初に得た情報によって後の情報の価値判断が影響を受ける心の働きが「初頭効果」だ。情報を手に入れる順番が意思決定に与える影響は大きい。

同じ情報を頭の中に入れても、インプットする順番によって情報の印象が変わることは、私たちの日常生活の中でもよくあることだ。それを、行動ファイナンス理論では「順序効果」、特に最初に示された情報に受ける影響のことを「初頭効果（Primacy Effect）」と呼ぶ。

ここでは、「初頭効果」について説明する。初頭効果をもう少し詳しく説明すると、人間がさまざまな情報を頭の中に入れたとき、最初の方に入力された情報が意識の中で大きな印象になって残り、それが、情報全体に対する感覚を支配してしまうこと、となる。

初頭効果に関しては、古典的な実験がある。ある仮想の人物（Gとする）がいる。被験者をAグループとBグループの二つのグループに分けて、Aグループの人たちに対して、「Gの性格は、知的で、勤勉で、温厚だが、批判的で、頑固で、嫉妬深い」と示唆し、一方、Bグループの人たちには、「Gの性格は、嫉妬深く、頑固で、批判的だが、温厚で、勤勉で、知的」と示唆するとしよう。この二つの説明は、見てわかるように、性格に関する要素は全く同じである。ただ、その順番が異なっているだけだ。その説明の後で、誰かの写真を見せると、被験者のGに対するイメージがより具体化することになる。この場合、両グループに見せる写真は、もちろん全く同じもの、つまり、同一人物の写真である。

こうした説明や写真を見せた後、A、B両方のグループの人たちに、「Gの写真を見て、どのような印象を持ったか?」、「Gが学生委員会の議長になったとしたら、しっかり仕事をしてくれると思いますか?」というような、同じ質問をする。そうすると、なかなか面白い結果が出ることになるのだ。

まず、AグループのGに対する印象は、「頭がよさそうに見える」、「まじめそうな雰囲気」、「やや大人しそう」などの反応が多く、「頑固一徹に見える」という印象はほとんど出てこない。つまり、写真のGに、かなり好印象を持ったと考えられる。

一方、Bグループの印象は、それとやや異なっている。最初に説明されたように、「たしかに、頑固なところが表情にも出ている」、「生意気な感じを受ける」、「嫉妬深いというよりも、執念深そうな感じ」などの見方が有力となる。順番の違いこそあるが、同じ要因を示唆して、同じ写真を見せたにもかかわらず、両者の印象には大きな差ができていることがおわかりいただけるだろう。

もっと興味深いポイントは、二つ目の質問に対する回答だ。Ａグループは、総じてＧに好印象を持っているため、彼が学生委員の委員長になっても、「十分に、期待に応えることができるはず」、「几帳面に色々なことをやってくれそう」、「まじめだから、心配ない」などポジティブな評価が圧倒的に多いことがわかる。ところが、Ｂグループは、かなり違った印象を持ったようである。「個人的な感情に走ることが心配」、「人の意見を聞く耳を持たないかもしれない」、「何にでも反対意見を言うタイプ」など、ネガティブな見方が多くなった。

なぜ、こうした結果になったのだろうか。それは、性格をそれとなく説明するときに、「勤勉」や「頑固」などという性格因子を示唆する順番を変えたことによって、被験者の頭の中に、Ｇのイメージのでき上がり方に差が出てしまったことに起因している。そしてそのイメージは、写真を見てさらに増幅されることになる。増幅のプロセスの中で、早い段階でインプットされた因子のイメージがより大きく増幅されることになるのだ。

この通り、情報を手に入れる順番が異なるだけで、私たちの直感は１８０度異なる結論に達してしまうことがあり得るのだ。

2 「初頭効果」と「人は見た目が大切」の真偽

初頭効果は日常生活にも潜んでいる。ここでは、「初対面の印象が大事」という身近でよく聞く事例で、その影響力を確認してみよう。

初頭効果は、私たちの日常生活の中でも、利用価値のある考え方である。最もわかりやすいものを挙げよう。私たちが初対面で人と会うとき、最も頭に残る印象は、なんと言っても「見た目」だろう。最初に受けた印象は、その後、私たちの頭の中で少しずつ拡大されて、その人に対する全体像が形成されることになる。そうしてでき上がったイメージに基づいて、その人と付き合うことになるのだ。だから、「初対面の印象が重要だ」というのは、適切な表現と言える。また、「人は、見た目が大切」という指摘も当たっている。

人間の心理や認知のプロセス、初頭効果を考えると、第一印象はその人に対する印象を形成する上で、大きな影響を与えているはずだ。もちろん、中身が伴わないにもかかわらず身辺を着飾ったところで、すぐにメッキがはがれてしまい実態が露呈されてしまうことは想像に難くない。そうは言いつつも、見た目をおろそかにしていると、気づかないところで思ってもいなかった印象が形成されてしまう可能性はあるだろう。

行動ファイナンスにおける「初頭効果」では、私たちが多様な情報を処理してその内容を理解する際、最初に出てきた情報に対して強い印象を抱き、それが他の情報に対する感覚を支配してしまうということを紹介してきた。日常の業務の中でも顧客対応や社内会議など、「話題の順序をよく吟味して変更しておけばよかった」という経験は多くの人がしていることだろう。

一方、初頭効果の問題点は、いったん強い印象を受けてしまうと、それと異なった情報がわかったとき、最初の印象との間で葛藤、すなわち認知的不協和が発生してしまい、最初の印象を変えることに抵抗が生まれることだ。

3 聞いた順番で印象が変わる？②

――親近効果

最新の記憶によって判断・評価が影響されてしまう心の働きが「親近効果」だ。初頭効果とは逆である。情報は思いつくまま利用するのではなく、いくつか検討することが処方箋となるだろう。

初頭効果は、初めに出てきた情報に対して大きな反応を示す心理であった。反対に、後に出てきた最新の情報の方が、その前に出てきたものよりも新鮮であるために記憶に残りやすいというケースもあるだろう。このように、一連の情報系列の中で、より後に記憶された情報が記憶されやすいことを「親近効果（クライマックス効果）」と呼ぶ。初頭効果と親近効果とは、時と場合によって、どちらの効果がより強いものになるかが変わることになる。

高校受験や、大学受験において英単語や古典の単語を苦労して覚えた記憶のある人は多いだろう。ノートに書いて覚える方法や、繰り返し単語帳を見てはチェックを繰り返す方法など、やり方はいろいろある。この中で、最後の方に出てきた単語は覚えているが、一番初めに出てきた単語は何であったか思い出せないという経験が「親近効果」が働いた例である。

金融市場、特に株式市場では先に出た情報と後に出た情報では、一般的に、後者の方が重要性が高いことが多い。企業の決算がピークに達するときや、重要な経済指標発表の直前などは、市場参加者の予想に対して、企業の実績や指標がそれを上回るのか下回るのかという読み合いが行われるため、経済指標の発表など、新発情報が与えるインパクトは大きい。サプライズの発生により、金融市場が大きく動くケースもある。このサプライズは親近効果そのものである。ネガティブなサプライズ、ポジティブなサプライズのどちらも、時として市場を大きく動かす要因となる。

たとえばリーマン・ショック後の金融危機の際、市場のセンチメント自体は悲観的なムードではあったのだが、時折、たとえば米国の大手金融機関が黒字を確保できるかもしれないといった明るいニュースが出ると、一日、あるいは数時間といった非常に短い期間、株価や債券価格が上昇するケースがあった。これは、悲観的なムード一辺倒の市場で、明るいニュースに接すると、それがあたかも初めて聞いたかのような新鮮さをもって、大きなインパクトを投資家心理に与えたからである。

ただ、親近効果が長期的に継続するという保証はない。金融市場にサプライズがもたらされたとしても、多くの市場参加者の行動様式によって、新たな反応や新たなトレンドが作り出されてゆくために、親近効果は比較的短期に消滅してしまうことが考えられるからだ。

ここで、情報の利用可能性、初頭効果、そして親近効果をまとめて考えてみよう。情報の利用可能性は、最新の情報が意思決定に大きく影響し、初頭効果では一番初めに伝えられた情報が大きな影響を与える。一方で親近効果は、後に出てきた情報が存在感を持つという点で全く異なったコンセプトである。

ここから、初頭効果は、情報の利用可能性と親近効果によって打ち消されてしまう可能性が指摘できる。もちろん、その逆もまた真だ。

重要なポイントは、「初めに出てきた情報」と「後に出てきた情報」の一体どちらが、より大きなインパクトを意思決定者の心理に与えるかという点だ。プレゼンテーションにおいては、初頭効果と親近効果を使い分けることにより、よりその内容を印象強いものとすることができるだろう。つまり、私たちの認識は自分自身の主体的要因だけでなく、伝えられ方によっても大きく異なる結果をもたらす可能性があるのだ。

4 ほんの一部の情報が、すべてなのか？

――代表性バイアス

「○○」といえば「△△」というような、典型的な思考パターンに判断が影響されることが「代表性バイアス」である。迅速な意思決定の助けとなるが、思い込みの温床となり、的確な意思決定を妨げることもある。

日常生活の中で、私たちは、必ずしも自分自身の意思決定を支持するに足る十分な情報を集め、分析しているわけではない。新聞記事や周囲の動向、あるいは自分自身の経験に従ってざっくりと概要をつかんで意思決定を行うことは、これまで述べてきた。

黒字企業と聞けば、収益性が高く株価も上昇しやすいと考えがちだ。しかし、黒字企業といえども、経済環境によっては資金繰りが行き詰まり、倒産に陥る可能性もゼロではないだろう。それにもかかわらず、「黒字企業」という言葉の持つイメージと「そうした企業の株価は上昇する可能性が高い」という、私たちのこれまでの経験（スキーマ、先験的図式）によって、黒

図表 3-7 代表性バイアスのワナ

すべての情報を検証するには限界がある（時間、分量）

→市場での情報や評価（特にプラスの内容）、自分自身の経験によって意思決定しがち

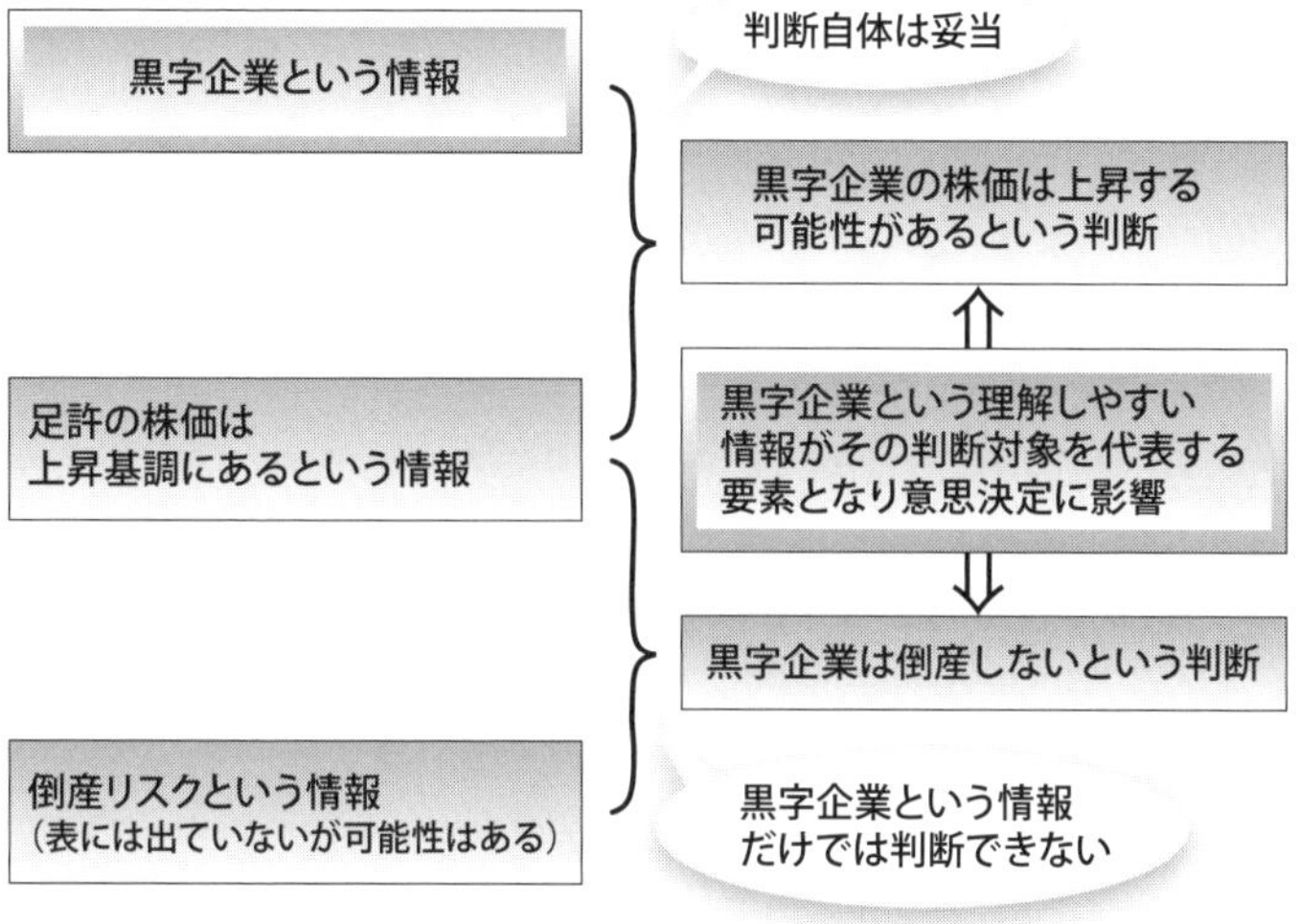
黒字企業という情報
足許の株価は
上昇基調にあるという情報
倒産リスクという情報
（表には出ていないが可能性はある）
判断自体は妥当
黒字企業の株価は上昇する
可能性があるという判断
黒字企業という理解しやすい
情報がその判断対象を代表する
要素となり意思決定に影響
黒字企業は倒産しないという判断
黒字企業という情報
だけでは判断できない

字倒産の可能性は私たちの意思決定プロセスの中から排除されてしまう。「黒字企業という言葉によって連想させられる、株価上昇への期待という判断の歪み」等の現象を、行動ファイナンスでは「代表性バイアス」と定義している。

　昨今の金融危機では、多くの企業が倒産に陥っている。特にわが国の不動産業界では、それまでの大規模な開発案件の進行と、金融環境の悪化に伴う資金繰りへの懸念から、不動産ディベロッパーと呼ばれる企業がいくつも破綻した。なぜ投資家は、こうした破綻の可能性を見落としてしまうのだろうか。

　今まで繰り返し述べてきた通り、私たちが一つの判断や意思決定に際して、関

連する情報のすべてを一つひとつ吟味したり、それらに対する自分の判断を統合してから意思決定を行うことは困難である。特に、金融機関のディーラーやファンドマネージャーは、多くの銘柄に関する情報を短時間のうちに理解し、それを使って収益につなげていくことが求められている。同時に、そうした人間に接触する証券会社のセールス担当者も、できるだけ多くの取引契約を結びたいがために、あまりネガティブなインパクトを与える情報を積極的に伝えようとしないだろう。

そうなると、市場には「黒字企業＝株価上昇の可能性が高く倒産リスクは低い」といった一種の思い込みが定着することになりがちだ。このようなバイアスのかかった見方が、かつてのエンロンなどの事例につながったと考えられる。

短時間で決断を迫られる今日の市場関連業務の中では、思い込みによる代表性バイアスは、どんなに有能な投資家であっても避けることができない面がある。反対に、そうした意思決定の歪みが生じるからこそ、それを上手に利用して利益を獲得できるチャンスがあるともいえるかもしれない。投資において、そうした間違いを犯さないためには、米国の有力投資家であるバフェットの言う通り、「わからないものには投資をしない」という原則を遵守することが重要になる。具体的には、黒字といった前向きな情報だけでなく、その投資対象にとってネガティブな影響を与える情報も入念にチェックする必要がある。

3

私たちは、自ら進んで確率にだまされる

1 「そろそろ当たりが出るはずだ！」
――ギャンブラーの誤謬

これまでの経験や、主観的な判断に頼ることで、確率論に基づいた客観的な予測が歪められてしまうことがある。それが「ギャンブラーの誤謬」である。「そろそろ当たりが出るハズ」という考え方などが典型例だ。

「勝手に」確率に期待を抱く

「ギャンブラーの誤謬（Gambler's Fallacy）」とは、簡単にいうと、特定のことが起きる確率を、自分の主観や感覚で勝手に高く見積もってしまうことだ。つまり特定の事象に対して、導き出される確率が決まっているにもかかわらず、時としてより高い生起確率を付与してしまうことをいう。特に連続して試行を行う場合、前回までの発生内容やその傾向から影響を受けて今後の生起確率を歪めてしまうことがある。

図表 3-8 連続して起こる事象は、次に影響するのか？

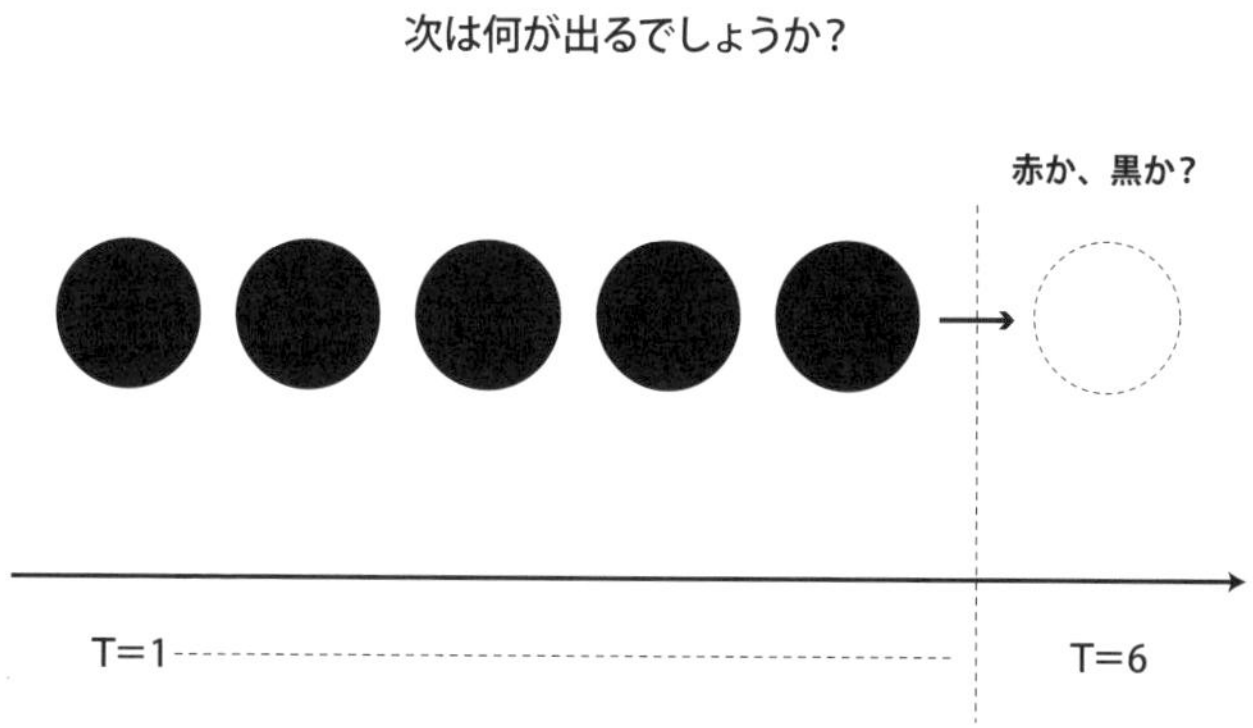

わかりやすい例で説明しよう。カジノにあるルーレット（イカサマがないとする）では、確率論の観点からは赤が出る確率も黒が出る確率もともに1／2である。ここで5回続けて黒が出ているとしよう。

この場合、直感的には次のような反応が予期される。「黒が5回続けて出ているから、そろそろ赤が出てもいいだろう」、「試行回数を増やせば生起確率は平均に回帰するはずなのでそろそろ赤だろう」。これこそが、「ギャンブラーの誤謬」である。よく考えると、この考え方には合理的根拠がないことがわかるはずだ。

そもそもルーレットは、一回一回独立して試行が行われるゲームであり、前回の結果が次回の内容に影響を与えることはあり得ない。つまり、5回続けて黒が出たからといって、次に赤が出る確率は、やはり1／2なのである。ルーレットの他にもサイコロの目がどれになるか、という問題も、「ギャンブラーの誤謬」に陥りやすい例だ。

「下落したものは上昇する」は本当か？

このように、主観的判断によって客観的な確率を歪めてしまうケースは、実は市場行動の中でもよく見出される現象といえる。行動ファイナンスの研究者が行った実験では、完全にランダムな値動きをする架空の株式へ投資するという場合、多くの被験者が長期的な下落傾向の後に株価の上昇を期待し、結果的にはその株式を長期保有する傾向があるという報告がなされている。つまり、「下落したものは上昇する」という単純な考え方が、投資家心理の中に常に存在している可能性があるのだ。

実際に、ファンドマネージャーや銀行のディーラーと話をしていると、「下落したものは上昇する」という考え方が、プロの間にも存在することがわかる。特に債券価格が金利の上昇によって下落した局面など、「そのうちに平均回帰が発生する」という期待を抱く者が多いようだ。

日常生活では、ルーレットやサイコロのように生起確率が客観的にわかっているものばかりではない。場合によっては、この先どうなるのか全くわからないケースに遭遇することもある。

特に金融市場では、国内外の機関投資家、ディーラー、個人投資家など、その属性も大きく異なる市場参加者が取引を行っており、彼らの考え方は千差万別だ。こうした中で、株価が上昇するか、あるいは下落するかを客観的に判断するための確率を導き出すことは容易ではない。そのため、投資家は自分の考え、そしてその生起確率を主観的に評価せざるを得ない。ここに、投資家がギャンブラーの誤謬に陥ってしまう罠があるのだ。

2 あるバリュー株ファンド運用者と「ギャンブラーの誤謬」

どれだけ熟練した人でも、思い込みにとらわれて生起確率が歪められ、判断や意思決定は容易に狂わされてしまう。とあるファンド関係者を例に、その恐ろしさを示そう。

あるバリュー株（割安株）ファンドの運用者の例を紹介しよう。

２００８年９月のリーマン・ショックで、世界の株式市場は急落した。株価が下落すると、当然ＰＢＲも落ちる。そうした状況下、このバリュー株運用者は、割安になった先進国の株式の購入に動いた。特に、海外展開の進んだ米国の大企業に投資するには、絶好のチャンスだと考えていたようだ。

当時、米国財務省は、金融機関の自己資本比率を支えるために公的資本を注入し、金融機関の資金繰りを改善させようとしていた。ただ、多くの市場参加者は公的資本の注入だけでは十分ではなく、極度に流動性が低下した証券化商品やファンド資産などの処分をしなければ問題は解決されないと考えていた。また、資産買い取りの実施は、政権交代後にまで持ち越される

図表 3-9 下落相場とギャンブラーの誤謬の影響

NY ダウ工業株 30 種平均株価

・急激な相場下落
→バリュー株ファンドの運用者：
またとない投資機会の出現
・見落とした点
→政府の対策内容、その他金融市場の動向や投資家の考え方に関心なし
(ドル)
13500
13000
12500
12000
11500
11000
10500
10000
9500
9000
8500
8000
7500
7000
6500
連日の株価下落、上がってほしいと思うのに下落する
・運用者の反省
「暴落したあとの反騰は大きいとばかり思っていたため、資金投下のタイミングを十分に配慮できなかった」
・低 PBR 株の出現、増加：
バリュー株投資家にとって割安感が強まる
・多くの市場参加者はリスク回避的
2008/5
2008/6
2008/7
2008/8
2008/9
2008/10
2008/11
2008/12
2009/1
2009/2
2009/3
2009/4
2009/5
2009/6

ことになり、その結果、価格下落リスクを避けたい投資家の売りによって、株式市場は下落傾向を鮮明にしていったのである。

この運用者は、リーマン・ショックの後から、「市場は割安だ」との考えに基づいて株を買い込んでいた。この買いの背景には、大手投資銀行や保険会社の株式が安値で放置されていたことだけではなく、彼の頭の中に「政府は年内には有効な政策を打つはずだ」という思い込みもあったと考えられる。「割安だからチャンスだ」と思うがあまり、消費者心理の悪化や住宅市場の低迷、新興国の経済成長の鈍化、鉱工業生産の極端な下落を見ていながら、彼は持論を曲げなかったのである。そして、年末にかけてのクリスマス商戦にあたって、彼はディスカウントショップへの需要が高まり、昨年と同程度の売り上げが出ると見込んでいた。その根底には、「下落がこれだけ続いたのだから、そろそろ上昇傾向に転換するだろう」という思いがあったのかもしれない。

しかし、年末に至っても需要は一向に上向かなかった。彼の目論見は外れたのである。このときようやく、「しまった、買いのタイミングを間違えた」と思ったそうである。時すでに遅し、彼のポートフォリオは、リーマン・ブラザーズの破綻直後から比べて30％の資産価値しか残っていなかったという。

後日、彼は自分が周囲の動向に気を配らず、「下落して割安感があるものは上昇するという主観的な生起確率ばかりを信じ込んでいた」と、肩を落として話していた。

こうしたケースは、２００８年後半の相場環境の中で多く観察された事実だ。一般的に「ベテラン投資家」などと称された投資家が多くの損失を被った。傍から見ていると、やめればよいのにと思うことでも、実際の当事者にとっては、コミットメントが強いために持論に固執してしまいがちだ。そのため、プロの投資家でも「ギャンブラーの誤謬」に陥り、痛手を被ることがある。持論に固執するあまり、「生起確率を主観的に高めていないか」と自問自答することができれば、下落相場での大きな損失を防げる可能性はあるだろう。

3 その他のヒューリスティックと「処方箋」

意思決定を助けも狂わせもするヒューリスティックは、私たちに思い込みの危うさを教えてくれており、日常の意思決定を改善するヒントが満載といえるだろう。ここではその他のヒューリスティックについてまとめる。

ここでは、今まで紹介した以外のヒューリスティックに関連した事象について、解説と注意点をまとめておく。ヒューリスティックは複雑性を軽減させる上で有効な心理的な情報処理の機能ではあるが、時としてその働きがマイナスに動いてしまう可能性には、もっと注意が向けられるべきだ。

連言のあやまり

論理的に強い結びつきのある事象の発生確率を過大評価すること。二つのイベントが同時に発生する確率は、単一のイベントが発生する確率よりも低いにもかかわらず、複数のイベントの同時発生が個々のイベントよりも高いという思い込みを持つときに、私たちはむしろ確率の低いほうを選択してしまう傾向があることを指す。

条件付確率の誤り

条件が複雑であるとき、短絡的・感情的に反応すること。非常に起きやすい条件が付いたイベントを解釈するとき、その条件とイベントが混同されやすいことをいう。

たとえば、とある自動車ディーラーでの自動車販売価格とその性能を考えてみよう。性能のよい自動車のうち90％が高価格帯のものであるとする。次に、このディーラーの中で価格の高い車種は15％、性能のよいものは10％と仮定する。この条件の下で高価格かつ性能のよい自動車の割合はどれくらいになるだろうか。この中で価格が高く性能のよい自動車の割合は0・9×0・1＝9％、これから、価格が高い自動車の中で性能が高い割合は0・09÷0・15＝60％となる。この場合、「性能の高い自動車のうち90％が高価格帯」という条件つき確率と、「性能が高い」というイベントが混同されてしまい、「短絡的に高い自動車＝性能がよい」という判断に陥りやすい。

経験的な関係の過大推計

経験的なものの見方で、因果関係を創造してしまうことを指す。初頭効果と並べて考えるとわかりやすい。初めての作業に取り組む場合、私たちは過去の類似事例を探し出して、そのときの経験をもとに作業を進めようとするだろう。このとき、過去の経験が初頭効果となって意思決定に影響を与えることがある。ただし、過去と現在の状況が１００パーセント同一のものであるという保証はなく、経験に頼った手法が望ましい結果をもたらすとは限らないことに注意。

因果関係の過大評価

過去に相関関係があった事象に、因果関係があったと考えること。私たちが将来の状況を推測する場合、多くのケースで過去の実績に依存する。つまり、特定の因果関係に基づいて意思決定を行ってしまうことに注意が必要である。

帰属理論

周囲の事象の原因を自分にある、あるいは他者にあると見なす傾向があること。

たとえば、自分の意思決定が見事に的中した場合、私たちは自分の能力を誇らしく思い、すべては自分のコントロールのもとに進んだと考えがちである。この場合、仮に外部からの情報が決定打となって意思決定がなされたとしても、それすら自分の能力のおかげであると判断しがちになる。反対に意思決定の結果が思った通りにいかなかった場合、私たちは失敗の原因を他者、あるいは周辺の環境に見出そうとする。このために、失敗を糧として次へのステップにつなげることが困難になってしまい、同じ過ちを繰り返す可能性がある。

このように、ヒューリスティックに関連した諸々の事象は、私たちの意思決定を促進する効果がある反面で、自分に都合のいいように考えてしまったり、複雑な事象をあまりに単純化させすぎてしまったりする可能性をはらんでいると言える。

認知的不協和に直面すると、私たちは「山勘」に頼って意思決定を行うことによって、「こうするしか方法がなかった」という形で言い繕い、その場を済ませてしまうことがある。この瞬間では意思決定の結果として、本当に自分自身にとって好ましい展開につながるのかどうかということを考えるよりは、困難な状況を何とかして逃れたいというインセンティブにかられてしまっているのである。

一方、自分にとって好ましい内容であったとすると、「そうなることははじめから想定していた」と、結果が出てからそれを当初から予想可能であったかのように認知する「**後知恵バイ**

アス」が働いてしまうことも多い。このようなとき、よく聞くフレーズが、「言った通りでしょう」、「思った通りだ」といった文言である。そしてその次は、帰属意識の高まりによる「すべては自分の能力の賜物である」という解釈がくる。

自分自身の直感に惑わされずに生きるのに、行動ファイナンスの知見は大きく役に立つのである。

第4章

行動経済学はどこまで応用できるのか？

――市場分析から政策提言まで

1

市場のダイナミクスを行動経済学で解く！

1 「市場は正しい」は本当か？

実践で使ってこその行動ファイナンス

これまでの章で、心理的要因によって私たちの意思決定がどのように影響を受けているかがおわかりいただけたと思う。日常生活から金融市場での取引に至るまで、基本的には私たちの意思決定に基づいて行われている。その背景には各人それぞれの思惑や期待があり、それらが一致したところで取引が行われる。伝統的な経済学理論ではこれを需要と供給の一致とし、「均衡点」を見出すことを分析の目的としてきた。

これまで、多くの投資家はフェアバリューを算出することによって、市場での均衡点を見出そうとしてきた。それが重要なことであることは間違いない。

しかし、経済環境の変化とともに投資家を取り巻く環境は大きく変化し、それに伴ってフェアバリューも大きく変化する可能性がある。

この章では、今まで紹介した理論を応用することで、さまざまな経済事象について考える。

さらに、現実に起こった例を、行動ファイナンスの視点によって解き明かしていく。

行動経済学の見方を通して、経済をダイナミックに理解する面白さを、是非味わってほしい。

銀行取り付け騒ぎはなぜ起こる?

銀行や証券会社など、金融市場に深く関わる市場関連の業務においては、昔から「市場で起きていることはすべて正しいと思え」と先輩諸氏から教えられることだろう。

もし、ある投資家が運用に失敗して損失を発生させてしまった場合、彼の市場に対する見方は誤っていたことになる。この点で、市場は正しいわけだ。反対に、うまく見通しが当てはまり利益を手にすることができれば、その運用者は正しかったことになる。結果から見た場合、市場に対する自分自身の意思決定が正しかったのかどうかは、一目瞭然だ。

市場には、多様な情報が常に提供されている。政治家の発言、市場参加者の発言やポジション動向、政治動向、地政学的リスク、経済指標のポジティブ/ネガティブサプライズ、財政動向に対する見方、実物資産の動向、金融機関の経営状況、一般企業の資金繰りや業績、そして噂など、それこそ枚挙に暇がない。

サブプライム問題以降の金融危機はこうした情報が複雑に絡み合い、投資家や家計などの経済主体の意思決定をより困難なものとしたことが背景の一つといわれている。銀行取り付け騒ぎもその一例である。英国の中堅銀行のノーザンロックは、短期金融市場での資金借り入れが困難になり経営難に直面した。それを受けてノーザンロックの店頭には、預金を引き出そうとする預金者の列ができた。冷静に考えれば、多くの人にとってその必要はないとわかっただろう。

というのも、一般的に、預金を集めそれを資金源として融資や、市場ディーリングで収益を稼ぐ商業銀行は、万が一破綻に陥った場合の社会的影響の大きさから、各国の預金保険制度に加入することになっている。通常、各商業銀行が預金保険に加入することによって、預金者はペイオフの額を上限とする預金に対して保険がかけられている。そのため、仮に銀行が預金の引き出しに対応できなくなったとしても、預金保険機構が銀行に代わって預金を保証するために、ペイオフを上限とする金額は支払われることになっている。

お金を預けている銀行の経営が不安定になったとすれば、できるだけ早く自分の預金をすべて引きおろして資産保全を図りたいという一般的な人情はわかる。しかし、この行動が、結果的に、預金者の望んだ事態につながるかどうかはわからない。ここに意思決定の難しさがあるといえるだろう。

市場価格の正しさは後づけなのか

結果として、ノーザンロックは英国政府によって国有化され、預金が支払われないという事態には陥らなかった。しかし、この取り付け騒ぎは、日常的に起こり得るさまざまな経済現象を、行動ファイナンスの観点から考える上で有用な材料となる。

たとえば、銀行取り付け騒ぎがどのようにして発生するのかを考えてみよう。おそらく、「あの銀行があぶない」といった「噂」が広まっていくことによって、人々の不安が掻き立てられることが出発点になる。心配になった預金者は、銀行に預金を引き出しに行くことになる。その人数が徐々に増えていき、群集心理はさらに掻き立てられ、われ先にと大勢の預金者が銀行に殺到することになる。

このとき、多くの預金者には「銀行の窓口に列を成して並ぶ=自分の資産保全が達成される」というロジックが描かれているというよりも、むしろ、「みんなが並んでいるから自分も並ばなければ」という、一種の強迫観念のようなものに駆り立てられて行動を起こしていると考えられる。銀行が資金繰りに困ったときの預金者としての合理的な行動が「資産保全」とするならば、この行動は必ずしも合理的とはいえない。

これまでの解説でたびたび取り上げてきたバブルの発生に関しても、これと同様のことがいえる。そもそもバブルは、伝統的な経済学の理論の中では厳密な検証がなされていない。理論値を超えた価格上昇というのが一般的な考え方だ。バブルは泡のように徐々に膨らみ、市場参加者がその勢いに不安を感じ始めるようになると、あるとき突如として破裂してしまう。その形成過程においても、崩壊過程においても、投資家は一様に「買い」と「売り」の一辺倒に傾いてしまう。**このときに問題となるのが、市場価格の高騰が本当に正しいのかどうかは、投資家にとってはわかりづらいという点だ。**

プロスペクト理論にある通り、私たちが意思決定の際に無意識的に設定している基準点であるリファレンス・ポイントは、状況の変化と自分自身のコミットメントの変化によって変動することがある。このため、バブルの渦中では、今、自分がどのような市場環境にいるのかがわかりづらくなってしまう。すなわち、その時々において、市場価格が本当に適正なのか検証することは容易ではない。

2 「市場の温度を知る」ことは可能か?

意思決定の尺度は一定ではない!

行動ファイナンスで重要なポイントは、常に「可変的」な尺度で分析を行うことにある。今までの解説にもあった通り、プロスペクト理論の価値関数の重要な要素であるリファレンス・ポイントは、コミットメントをはじめとする多くの要素から影響を受けることがある。

すべての経済主体は、付加価値を創造していかなければならないという命題を背負っている。そのため、不確実性に対応するための分析や、新しい商品の開発を継続することが常に求められる。このとき、不確実性への取り組みという各経済主体のコミットメントが強くなればなるほど、各人が自分を取り巻く状況をコントロールしようという欲求は強くなる。

たとえば、ある自動車メーカーの新商品開発担当者が、デフレ環境下での売り上げ増加を目指して、できるだけ販売価格を低く抑え、かつ利益率の高い車種の開発を検討していたとしよう。

そもそもデフレとは、需要と供給の関係が崩れ、需要が供給に追いついてこない(需給ギャップが大きい）という問題が根底にあることが多い。そのため、一般的に消費者マインドは盛り上がらず、消費者の財布の紐は硬く結ばれがちだ。これは、家計部門にとって賃金水準の伸び悩みとともに、消費をできるだけ避けて、将来への蓄えを増やそうとする傾向が高まった結果とも考えられる。こうしてモノが売れにくくなり、企業は低価格戦略を打ち出さざるを得なくなってしまう。

さて、新商品開発担当者の立場で考えてみよう。何とかして業績向上のために、消費者のマインドをとらえた低価格自動車を市場に投入したいという思いから、極力原価を引き下げて安い自動車を作ろうとするだろう。内装などはシンプルにし、安全面の機能はエアバッグの装備などある一定の水準を維持しつつ車体の軽量化などに注力し、燃費のよいものを設計しようとするはずだ。こうして首尾よく車種が完成し、市場に投入されたとしよう。

この段階で、消費者が、この新型車に対してどういう判断を下すかは誰にもわからない。デフレ環境下で賃金が伸び悩む中、この車種の低価格戦略が消費者のハートを捕まえて、順調にオーダーを集めることができるかもしれない。その一方で、消費者の好みが、価格よりも自動車を持つことで得ることのできる満足感（いわゆるブランドに対する嗜好の高まり）にあるのであれば、内装を簡素にしたコンセプトがマイナスに働き、思った通りの成果を上げることができないかもしれない。

担当者の「言い分」を行動経済学的に分析する

結果として、この新型車に対する需要は、担当者が想定していたほどの水準に達しなかったとしよう。このとき、担当者の頭の中には次のようなロジックが浮かび上がるかもしれない。「市場調査も入念に行い、業界の他社動向も把握した上で綿密に考案された新型車であるから、きっと消費者のマインドをつかむことはできるはずだ」と。こうして自己防御のロジックを作った担当者は、「マーケティング戦略が十分ではなかったのではないか」と考え、追加的な広告宣伝費の支出を求めることになるかもしれない。

なぜこのような状況に陥るのだろう。これも行動経済学の考え方を用いると、容易に分析可能だ。まず、担当者にはデフレ環境という、好ましくない経済状況の中で、何とかして自社業績の拡大に貢献しようという思いがある。この思いが強ければ強いほど、担当者の新型車開発プロジェクトに対する「コミットメント」は強くなる。

また、担当者には「自分は新型車開発のプロである」というプライドもある。仮に消費者から、全面的な支持をもって受け入れられなかったとしても、担当者の心理には、「過去に自社の業績拡大に大きく貢献してきたのに、自分の開発した車種が売れないわけはない」という「プライド効果」によって、消費者から受け入れられなかったという失敗を認めることが困難になってしまう。

しかし、事前の市場調査に、落とし穴があった可能性も否定できない。特に、デフレという消費者の購買意欲が極端に落ち込んでしまう経済環境下では、どの価格帯の商品が消費者から受け入れられるのかに関する「需要者全体の平均的な判断基準」の把握が困難なはずだ。

こういう状況下では、「単純化」によって「消費者は低価格の商品を好んでいる」という漠然とした市場把握だけでは十分とはいえないだろう。低価格を好んでいるという見方は、すべての消費財市場全体に対して共通するテーマなのかもしれないが、消費者の属性や自動車を購入しようと考えている人たちをどのようにして区分けしていくのか、という点を忘れることはできない。つまり、自動車の需要者が求めるファクターを把握しきれていなかったとも考えられるのだ。

さらに、こうした情報把握の問題に関していうと、成功体験から生まれる「プライド効果」が強くなると、過去の成功体験に固執しすぎてしまいがちだ。つまり、「今まで成功したから、今回も同じ戦略で成功できるはず」という認識が強くなってしまう。それが行き過ぎると、時間の経過に伴う社会情勢の変化や市場の変容に気づかないまま、プロジェクトを進めてしまう可能性が高くなっていく。

市場の温度の把握は、リファレンス・ポイントを探ることから

この事例は、需要される度合い、すなわち「市場の温度」を、いかにして把握していくかということの難しさを明らかにしている。投資やメーカーでの商品開発など、すべての経済活動においては自己の考え方と市場の考え方の違いを明確にすることが、意思決定への第一歩になるべきだ。その上で両者の間の相違点を分析することが必要だ。

日本株が諸外国の株式市場に比べて低調なパフォーマンスに陥っているのであれば、自分の考えにすがりついて日本株への投資に固執していても投資家のリターンは改善しないだろう。このとき、日本株市場の「温度は低い」のである。

周囲がどのような考え方を持っているのか、つまり市場のコンセンサスが、今どのあたりに位置しているのかということを把握することによって、市場が強気(温度が高い)なのか、弱気(温度が低い)なのかを見出すことができる。そうすることによって、コミットメントやプライドという主体的な心理要因がマイナスの結果をもたらすことを避けることができるかもしれない。

市場に多様な参加者が存在する限り、絶対的な判断基準は存在しない。常に価値の基準は、大勢の心理状況によって揺れ動いているのだ。

3 「株価への期待」をうまく利用する方法は？

「アービトラージャー」はバブルを待っている？

投資家が株式に投資するのは、もちろん、富への欲望があるからだ。それと同時に、「株式投資には、十分な収益チャンスがある」という期待が背景にある。そしてこの期待は、ある意味では、「株式投資＝儲けられるチャンス！」というヒューリスティックに刺激されている部分もある。この前提に立つと、投資家の性質は、①ポジティブ・フィードバック・トレーダー、②アービトラージャー、そして、③パッシブ・トレーダーの3つのパターンに分けることができる。

①のポジティブ・フィードバック・トレーダーは、基本的に、株価が上昇局面にある（モメンタムが強い）場合には株式を購入し、株価が下落局面にある（モメンタムが弱い）ときには売却を行う投資家である。運用の現場になぞらえれば、こうした投資家は個人のトレーダーや、

伝統的なアクティブ・バランス運用を行う運用者であると考えることができる。

②のアービトラージャーは、裁定取引を行う投資家のことである。基本的な投資行動は、割安な株式を買って、相対的に高いものを売っておくことで、割安・割高感が解消されることによって収益を高めようとする投資家のことである。

③パッシブ・トレーダーは、自身で積極的な銘柄選択などを行わず、自動的に市場全体のマーケットポートフォリオを組む投資家である。市場と同じように動くポートフォリオによって、市場が上昇すれば利益を獲得し、市場が下落すれば同じように損失を被る。

一般的に株価が急激な勢いで上昇している場合——2005年の日本株式市場の上昇など——では多くの投資家が市場に資金を投じる以前に、「日本株は割安だ」と見たアービトラージャーが投資を開始していることも考えられる。

アービトラージャーの行動を分析する

次ページの図表4-1は、バブルの発生をアービトラージャーの存在をベースにして考えるものである。縦軸には価格をとり、横軸には時間をとる。期間は3期間とし、期間3で投資家は保有していた株式を売却してポジションを清算するとする。価格は各時点での株価であると考えていただければよい。

図表 4-1 アービトラージャーの存在によって起こる株価の変動

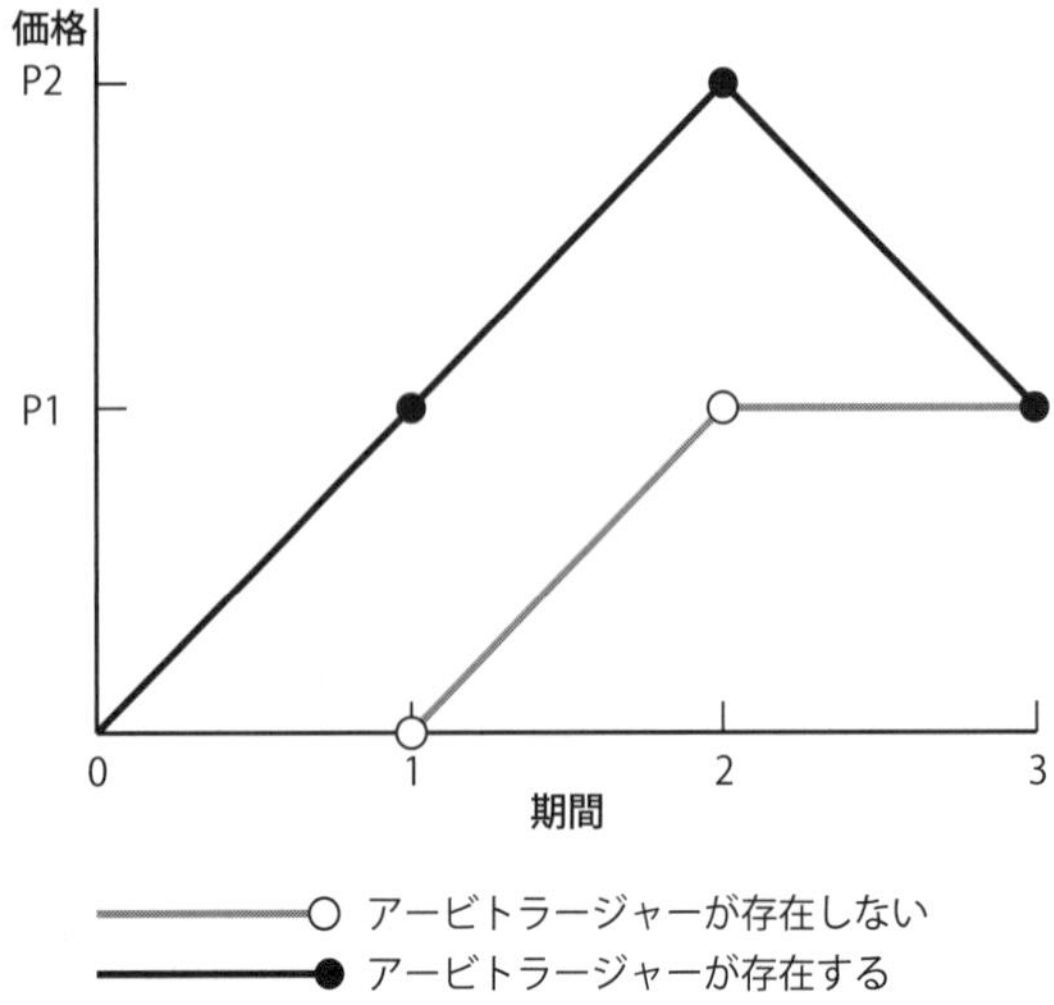

グラフ上の期間0の時点で、株価が低迷している状況を想定しよう。重要なポイントは、アービトラージャーが存在する場合、期間1で上昇し始めた株価は期間2にかけて大幅に上昇し、そして期間3で大きく下落する点である。

アービトラージャーの投資行動を解説しよう。期間1にかけてアービトラージャーは、特定の株式が割安と判断し、先行して買い始める。このとき、ポジティブ・フィードバック・トレーダーはアービトラージャーによる先行買いを受けて勢いよく上昇する株式市場の様相を目にすることになる。そこで、モメンタムの上昇を受けてポジティブ・フィードバック・トレーダーは期間2にかけて株式を購入する。

さらなる相場の上昇に伴って、アービトラージャーのポジションに変化が発生する。つまり、割安感から購入していた株式を売り、ポジティブ・フィードバック・トレーダーの買いを受けて上昇し割高感の強い銘柄を空売りすることも考えられる。そして、期間3においてアービトラージャーは空売りしていた株式を買い戻す。この時点では、価格はファンダメンタルズに収束していると考えられる。

もし、アービトラージャーが市場に存在しないとすると、期間1で株価は上昇せず、期間2で見られる株価のさらなる上昇はないことになる。

付け加えておくと、バブルの発生においては、ポジティブ・フィードバック・トレーダーの存在も大きな要因となっている。彼らの数が多いほど期間2でのモメンタムの強さに惹かれて株式を購入する投資家の数が大きくなり、株価の上昇はより高くなると考えられるからだ。

※モメンタム

モメンタムとは、「勢い」を意味する。株価モメンタムなど、株価や業績が上昇基調にあるのか、あるいは下落基調にあるのかを表現する際に使われる。特に、株価が勢いよく上昇している場合、「モメンタムが強い」と表現される。

4　市場の歪みから将来を予測できるか？

「未来予知」は可能？

伝統的な経済学の理論に依拠した効率的市場仮説では、市場の効率性は図表4‐2にある3点にまとめられている。

効率的市場仮説に基づけば、市場は効率的であり、すべての情報は金融商品の価格に反映されていることになる。そのため、どんなに適切な予測をしても、市場を上回る収益を手にすることはできない。それが、基本的な考え方なのだ。しかし、現場のファンド・マネージャーや市場関係者の間では、「市場全体を上回る収益（アルファ）を取ることは可能だ」との見解は根強い。またもう一方には「市場は本当に効率的か」という疑問が存在し、実務家を中心に、「市場は効率的であるとは限らない」との指摘がある。その証拠に、バブルは実際に発生している。

そうなると、将来を的確に予測し、それをリターンの源泉とすることは可能ではないかという考えが湧いてくる。プロスペクト理論やヒューリスティックの考え方に基づけば、投資家は

図表 4-2　市場の3つの効率性

（↓ 下に行くほど効率性は高い）

効率性概念	基本的考え方
ウィーク・フォームの効率性	株価は過去の株価に関する情報のみを適正に反映している。将来の株価動向やそれを左右する情報は予想することができない
セミストロング・フォームの効率性	現時点で公開されているすべての情報を株価は適正に反映している
ストロング・フォームの効率性	公開情報も私的情報も含めて、すべての情報を株価は適正に反映している。このためにいかなる手段を用いても市場を上回るリターンは獲得できない

必ずしも適正な意思決定を下しているわけではない。そして市場では、こうした投資家の存在がノイズとなって、株価などを歪めてしまうことは実際に存在する。ということは、そうした歪みを「使う」ことができれば、市場全体の期待収益を上回る超過収益、すなわちアルファを手にすることができるかもしれない。それには、市場で効率的ではない部分を見つけて、それを投資に活かすには、どうすればよいかを考えることが必要になる。

　この場合、足許の市場がどのような情報に基づいているのか、そして市場参加者の意見のバラツキはどの程度なのかを見ることによって、市場がどれくらい効率的に機能しているのかを把握することが可能だ。

　そうした例の一つとして、ＶＩＸと呼ばれ

図表 4-3 ボラティリティの推移（VIX）

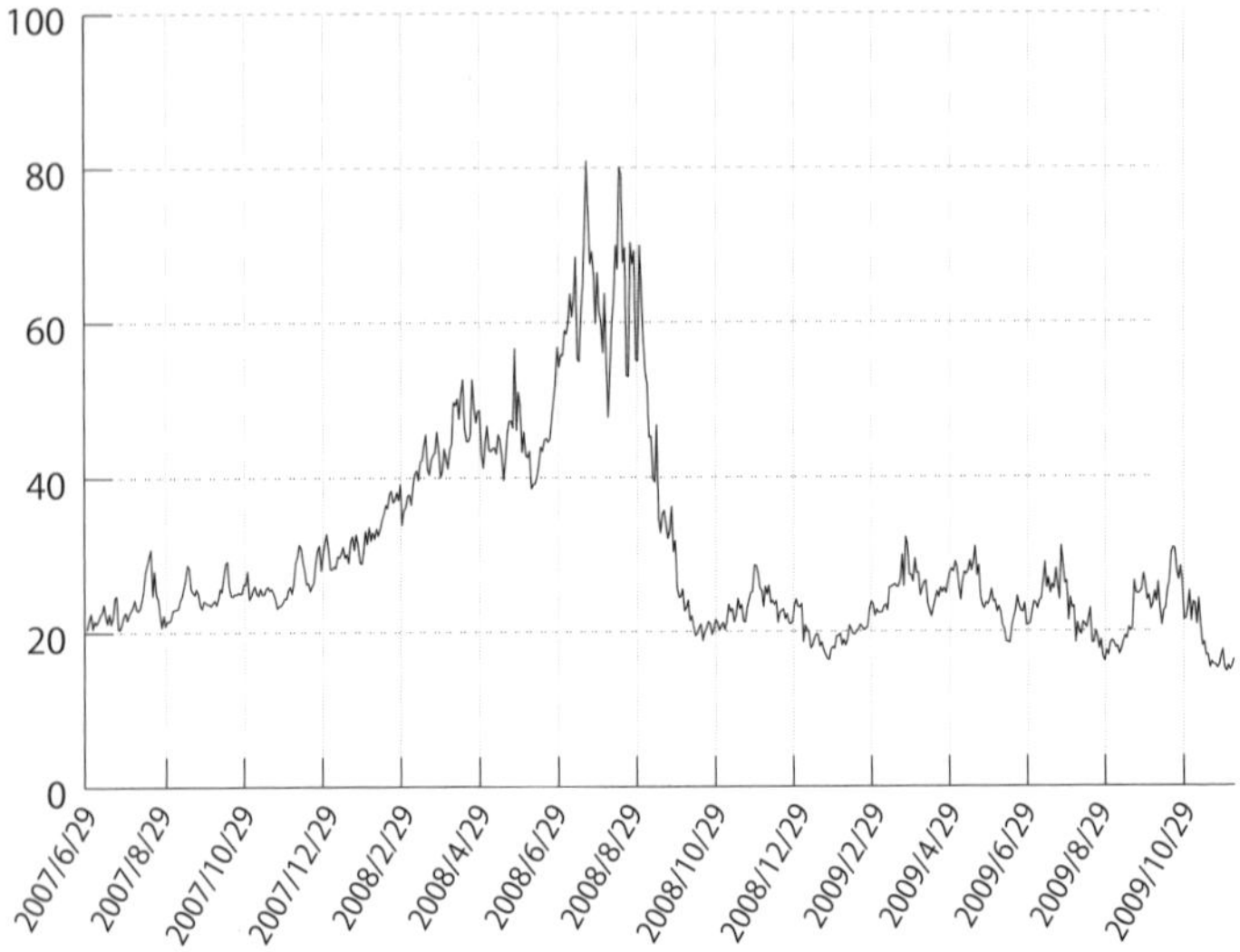

ているインデックス（ＳＰ５００指数のオプションをもとにしてシカゴオプション取引所が算出する米国でのボラティィリティー、すなわち変動幅の水準を表す）の動向が有用だろう。

金融工学の考え方では、基本的に価格変動性がリスクのパラメーターとして認識されている。価格が大きく変動すると、「大損することもあり」、「大儲けすることも考えられる」。なぜならそれだけリスクが高いことになるからだ。ボラティリティーとは、価格変動性を示す指標と見ればよい。

市場で取引されているオプションのボラティリティーを把握することによって、今後、市場参加者がどのような不確実性を見込んでいるかを知ることができる。ボラティリティーが高い環境では、リターンを高めるチャンスも大きくなる半面、痛手を被る可能性も高くなる。ＶＩＸが「恐怖指数」と呼ばれるのは、ボラティリティーの高まりによって、今後の市場環境で不確実性が高まっていることを示している。ただ、そうした市場環境の変化によって、株価の形成に歪みが出ているような場合には、そこに収益チャンスが潜んでいると認識できるケースもあるかもしれない。

2

ケースで学ぶ、行動ファイナンスとその応用

1　ケース①
バブルとハーディング現象の関係

バブルは株主と経営者を一体化させる!?

２０００年代前半、米国の住宅バブルが過熱感を帯びて行く中で、米金融機関の経営陣はサブプライムローンを原証券とする証券化商品の販売で好調な業績を達成し、上昇した株価で多額の報酬を手にしてきた。

サブプライム問題が顕在化する前、金融機関の株式を保有していた株式投資家だけでなく、証券化商品を保有する投資家も、同商品の高い利回りの恩恵を受けて、投資リターンは好調であった。金融機関の経営陣は、株価を高めることによって自分自身の報酬も増加させることができた。そのため、多くの金融機関が、高収益を求めて証券化商品ビジネスへ傾倒していった。同時に企業の所有者としての株主も、好調な金融機関決算に支えられて、証券化ビジネスへの傾倒というリスクテイクの姿勢を咎《とが》めようとしなかった。一部のエコノミストからは、米国住

図表 4-4　米国大手金融機関の株価の推移

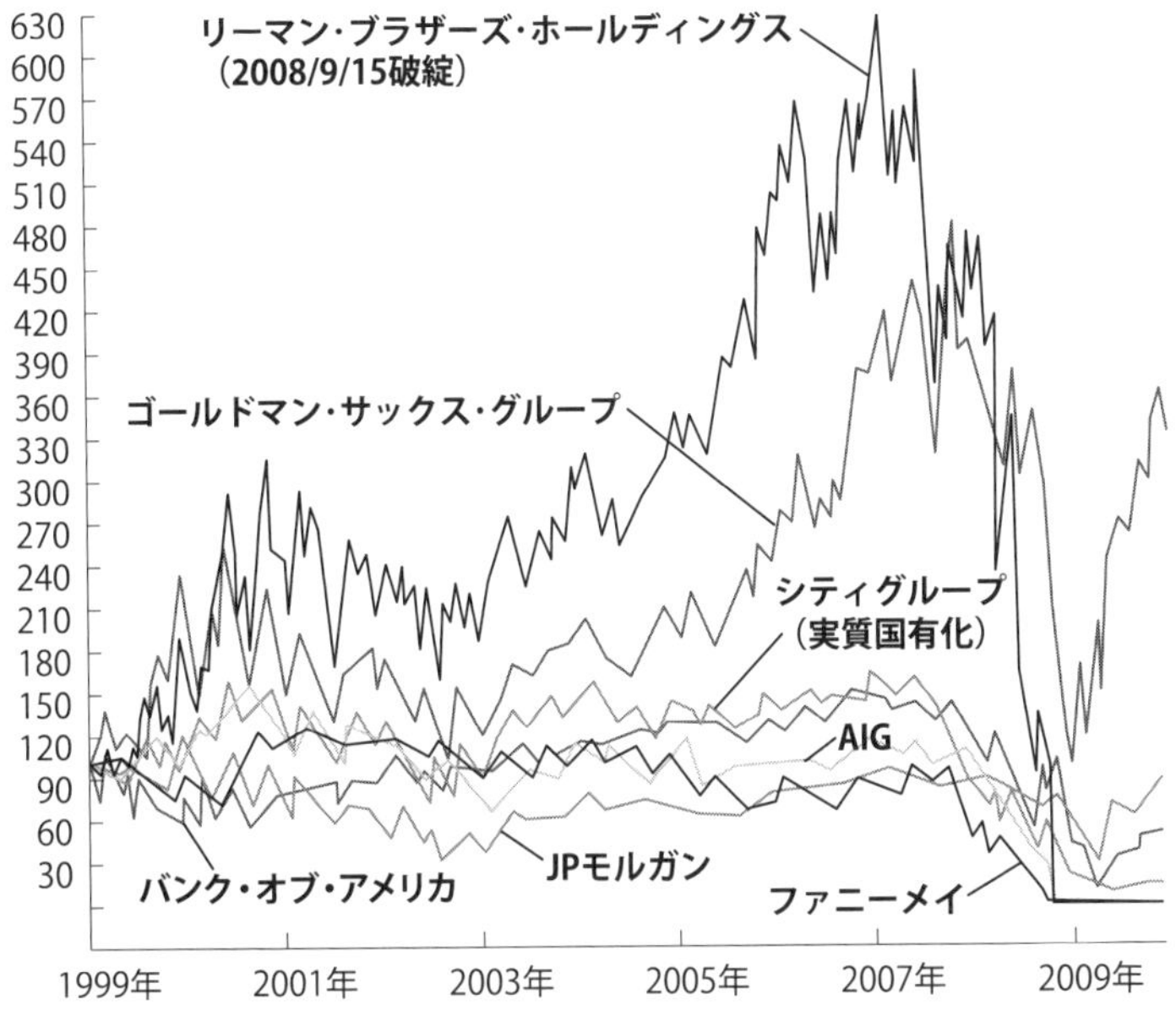

1999年5月初を100として指数化

宅市場の過熱に対する警戒感が示されてはいたものの、熱狂の中ではこうした意見は異端児扱いされてしまい、耳を傾けるものは多くなかった。

企業経営のあり方を考える上で、今回の金融危機は、企業としてのバブルへの対応の仕方の難しさを示している。株主価値の最大化という〝市場原理〟の命題に則るのであれば、短期的に期待収益率の高い分野に多くの経営資源を投入するのは、むしろ当然と言える。ただし、この論理が行き過ぎると、今回のような大規模な経済危機を引き起こす可能性がある。問題は、そうした行動が長期的かつ継続的に企業の収益を高めることができるか否かだ。

ハーディングは個人のリスク許容度をも変える

バブルの発生はハーディング現象（群集心理）を通して、企業活動だけでなく、個人のリスク許容度を大きく変化させることも考えられる。たとえば、米国に比べリスク回避的なスタンスを持つといわれてきた日本の家計に関しても、バブル期には保有資産構成に変化が表れている。それは、次のグラフを見ても明らかだ（図表4‐5、図表4‐6）。

株式・出資金の項目に目を向けると、1980年代後半にはその割合が2割近くにまで上昇していた。この背景には、株式市場の高騰を受けて株式に投資すれば儲けることができるという心理が社会的に広まったことがあると見られる。つまり、この時期、個人の一部もバブルに酔っていたのである。

市場競争の中で、企業は、ライバル他社よりも大きな付加価値を創造して、株主に還元していくことが求められている。そのため、収益の源泉になりそうな分野やテーマが見出されると、多くの企業が一斉にそこへ投資を行うことが多い。どの企業も、競合相手に遅れることは致命的なダメージにつながる可能性が高く、経営者にとってはその地位を不安定にする可能性がある。収益源泉に対する意識は非常に高いのである。

図表 4-5 金融商品の選択基準

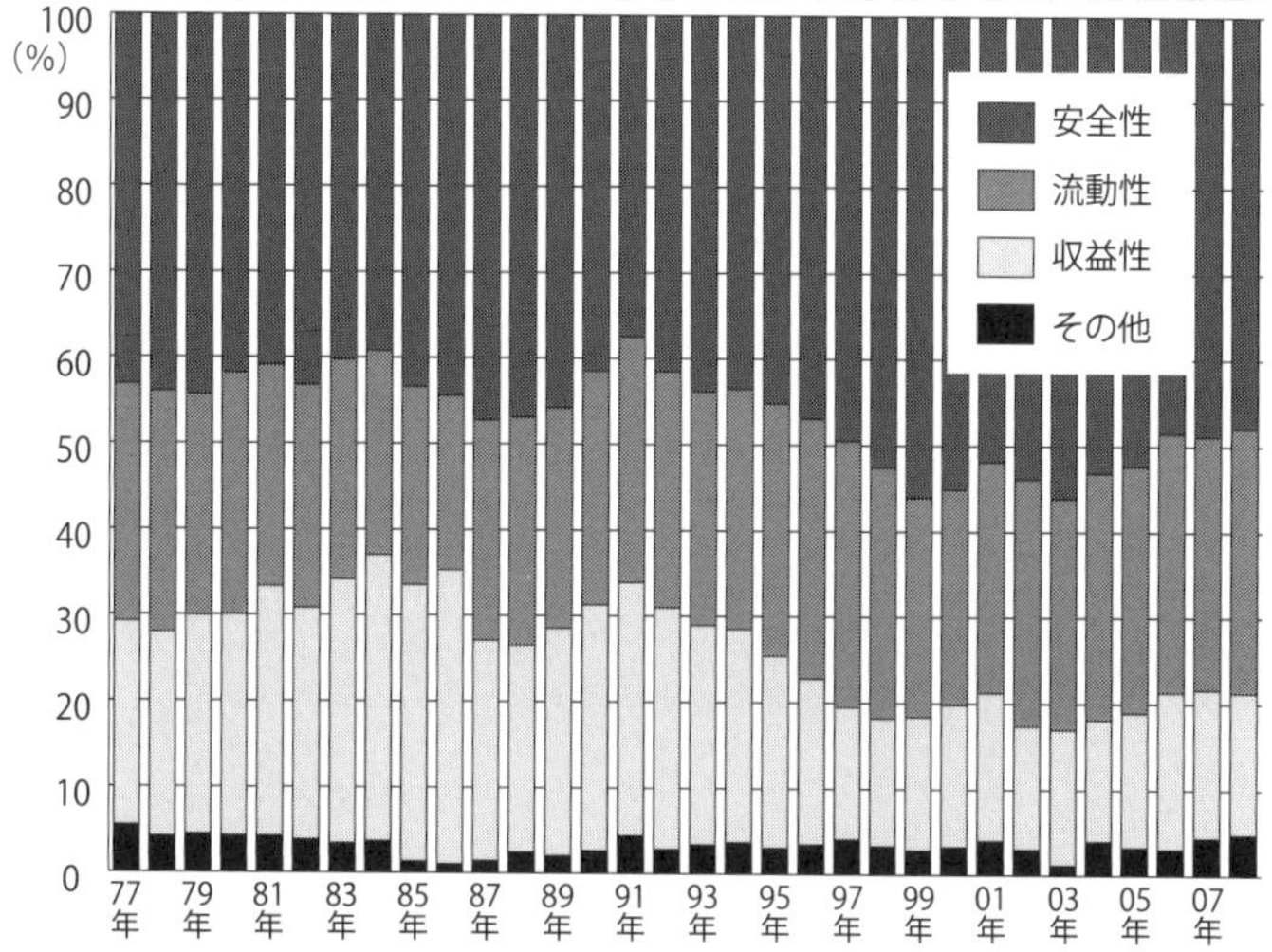

出所：金融広報中央委員会　家計の金融行動に関する世論調査

図表 4-6 家計の金融資産構成

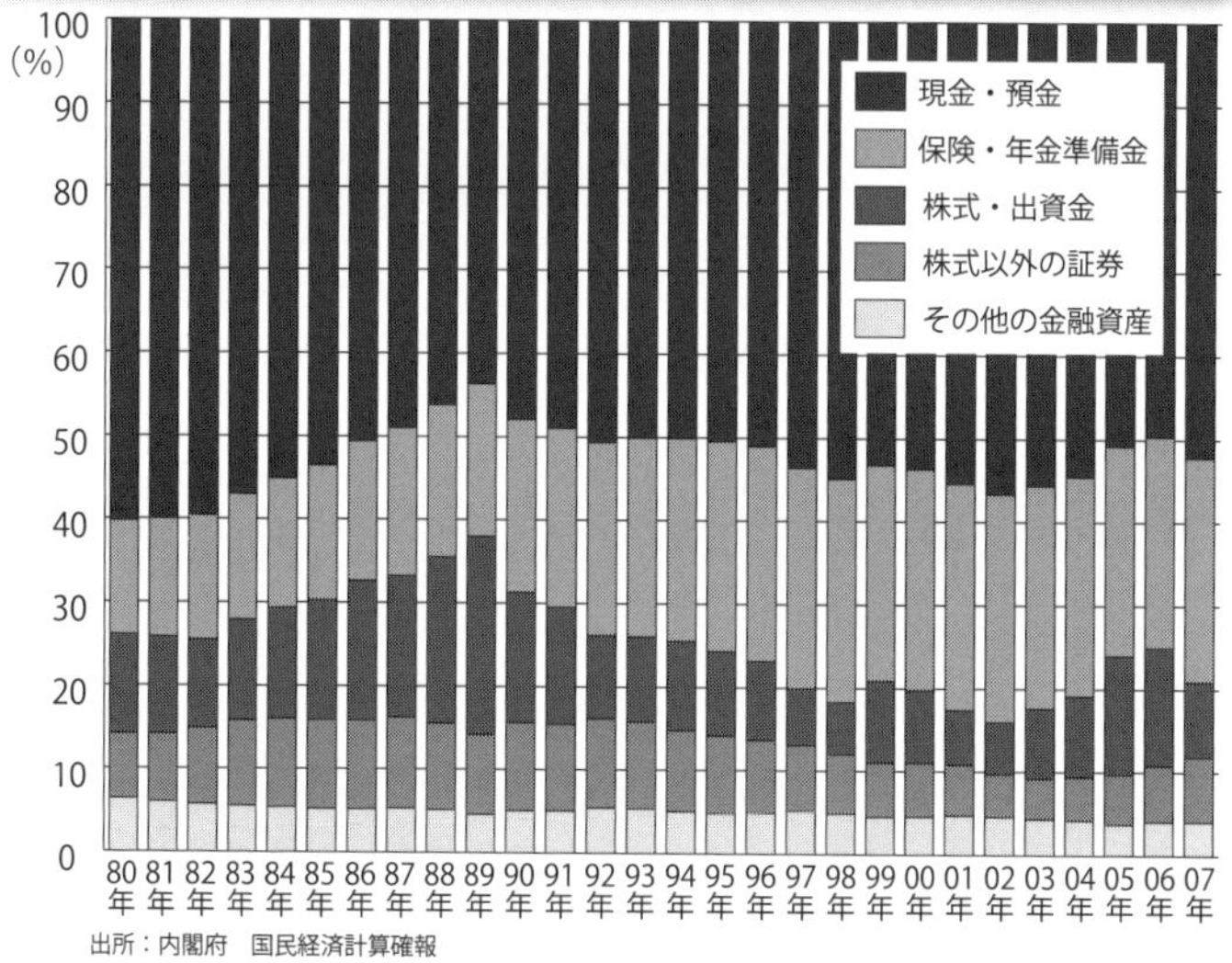

出所：内閣府　国民経済計算確報

一般的には、競争的な市場では非効率的な資産配分が発生する可能性を低下させ、希少資源を成長分野に配分していくことによって、高い経済成長への素地を形成する。

その一方で、競争の激化は、時として企業、および株主の視点を、大きく変化させる可能性がある。つまり、判断基準の原点を忘れてしまうのである。ここに、ハーディング現象が重なることによって、「競争相手が動いているから、自分も乗り遅れるわけにはいかない」との認識が強まり、多くの人々が一斉に一つの分野に飛び込むことによって、バブルの規模が拡大する可能性が高まるのである。

2 ケース②史上最大の「ねずみ講」と初頭効果

未曾有の巨大詐欺事件

2008年12月、元ナスダック会長のバーナード・マドフによる投資詐欺事件が発覚した。史上、例を見ない規模(約5兆円)に上る詐欺事件であり、スペインのサンタンデール銀行や英国のHSBC、そして日本の野村證券といった世界の著名金融機関が、マドフファンドへ投資を行っていたことも明らかになっている。

この事件で注目を集めたテーマが、なぜ、投資のプロである大手金融機関が、単純な「ねずみ講(ポンジ・スキームという)」まがいの商品に、多額の投資を行ってしまったのかという点だ。マドフの詐欺事件の内容の中で、現在最も注目に値するポイントは、やはり運用成績の虚偽記載であろう。

ただ、こうした運用成績の虚偽記載は、今回初めて報道されたわけではない。特に参入と退出が激しいヘッジファンド業界では、新規参入者が多くの出資金を集めようとするため、過去にも運用成績を過大に表示したことが散見されてきた。こうした事件に遭遇するたび、規制強化が取り沙汰され、多くの機関投資家はデュー・デリジェンスの強化を謳《うた》って、より厳密な評価体系や情報開示レベルの引き揚げの要求を行ってきた。マドフ事件を見ると、こうした投資家サイドの要求は、運用者の偽装工作とのいたちごっこに終わってしまっているようにも思える。

デュー・デリジェンス体制を強化した投資家たちは、「これでもう詐欺にはひっかからない」と自分たちの運用管理体制に太鼓判を押してきた。にもかかわらず、マドフ事件は発生してしまった。マドフの運用会社は、年間10％などと2ケタ台の運用成績を達成してきたことを投資家に宣伝していた。

しかし、彼の会社の財務内容の開示は行われていなかった。世界的に株式市場が上昇した2005年などであれば、こうしたリターンを計上することは可能である。ただ、常に2ケタ台のプラスリターンを獲得することは非常に難しく、相場の下降局面では運用会社の堅調な財務内容を維持することも容易ではない。機関投資家であれば、過去に自分たちがどれほど運用に苦戦してきたかを熟知しているはずだ。その意味では、常に2ケタ台のリターンを獲得することの難しさは肌身をもって理解していたはずである。「知っているからこそ陥る穴」が、マドフ事件には隠れているのかもしれない。

引っかかった投資家たちの心理を分析する

機関投資家は、通常、多くの運用会社と接見し、その運用内容の評価を行っている。この中で、知らぬ間に、「自分たちは多くのプロの運用者と接し、その内容を評価しているから間違えるはずはない」という心理状況が発生することが考えられる。それは、明らかな過信だ。この過信が仇になる可能性は高く、この過信こそが冷静に経済状況を判断したり、市場の声に耳を傾けたりする心理的余地をそいでしまったのだろう。

そして、マドフ事件では、経営者であるマドフの社会的地位が、投資家心理に大きな安心感を与えた。「元ナスダックの会長」、すなわち「社会的に実績があり、市場に精通した有能な人物」という観念が「初頭効果」となって、人々の心理の中に入り込む。マドフのファンドに関して興味深いのは、投資家サイドへの明確な財務内容の開示がないことなど、その内容を疑問視する声が当初からあったにもかかわらず、大手金融機関がいとも簡単に騙されてしまったことだ。達成することが困難な高いリターンを記録してきたと喧伝されると、投資しても安全だとの認識が強くなってしまったのだろう。それは、一種の「ハーディング現象」となって投資家の間に広まった。

図表 4-7 マドフの「ねずみ講」

投資家サイド	運用者サイド
・多くの運用者に面会し、判断力を持っているという過信 ・元ナスダック会長の運用会社 社会的に実績ある人物という「初頭効果」 ・他の投資家の行動 多くの大手金融機関が投資しているから大丈夫だろうという「ハーディング現象」 ⬇ ・これらの要素があいまって、過去のリターンを正当化してしまう心理状況が発現	・多くの投資資金を獲得したい ⬇ ・過去の運用成績をよりよく見せたほうがいい ⬇ ・虚偽記載の発生

人間の心の中に「お金がほしい」という欲望が存在する限り、今後も、こうした事件は発生し得る。デュー・デリジェンスの強化がなされたとしても、それだけですべての不正が阻止できるわけではない。投資家は間違いを犯すことのある存在なのだ。だからこそ、客観的な規制や、ルールのフレームワーク立案が必要なのである。

リスクマネーの供給者である投資家が、人為的な虚偽記載の結果としてそのリスク許容度を低減させてしまうことは、長期的な産業社会の育成に好ましくない。人間が持つ本源的な欲求を適切にコントロールし、健全な市場機能を発揮させるためには、財務内容の開示の義務化など適切なルールの運用はどうしても必要と考えるべきだろう。

3 ケース③フォルクスワーゲン株をめぐる心理戦とその顛末

一般的にヘッジファンドの存在は、市場の流動性を高める存在、すなわち非効率的な市場をより効率的なものへと促進させる触媒と考えられてきた。特に、流動性の低い中小型株や、大手投資家が見落としがちな小型プロジェクトなどへのローン提供などを通して、取引機会の増大がもたらされるという説明がなされてきた。

しかし、ヘッジファンドなどの投機筋は、金融危機の中で、それまでの常識では考えられないような展開を示してきた。その典型例を、2008年10月28日のドイツ自動車大手、フォルクスワーゲンの株価から読み解くことができる。

フォルクスワーゲンの株式は、その発行済み株式の20％がニーダーザクセン州に保有され、同じくドイツ自動車メーカーのポルシェも多くの株式を保有していた。特にポルシェは、しっかりした事業基盤を持つ自動車メーカーとの提携を希望していたこともあり、2008年9月

図表 4-8 フォルクスワーゲンの株価

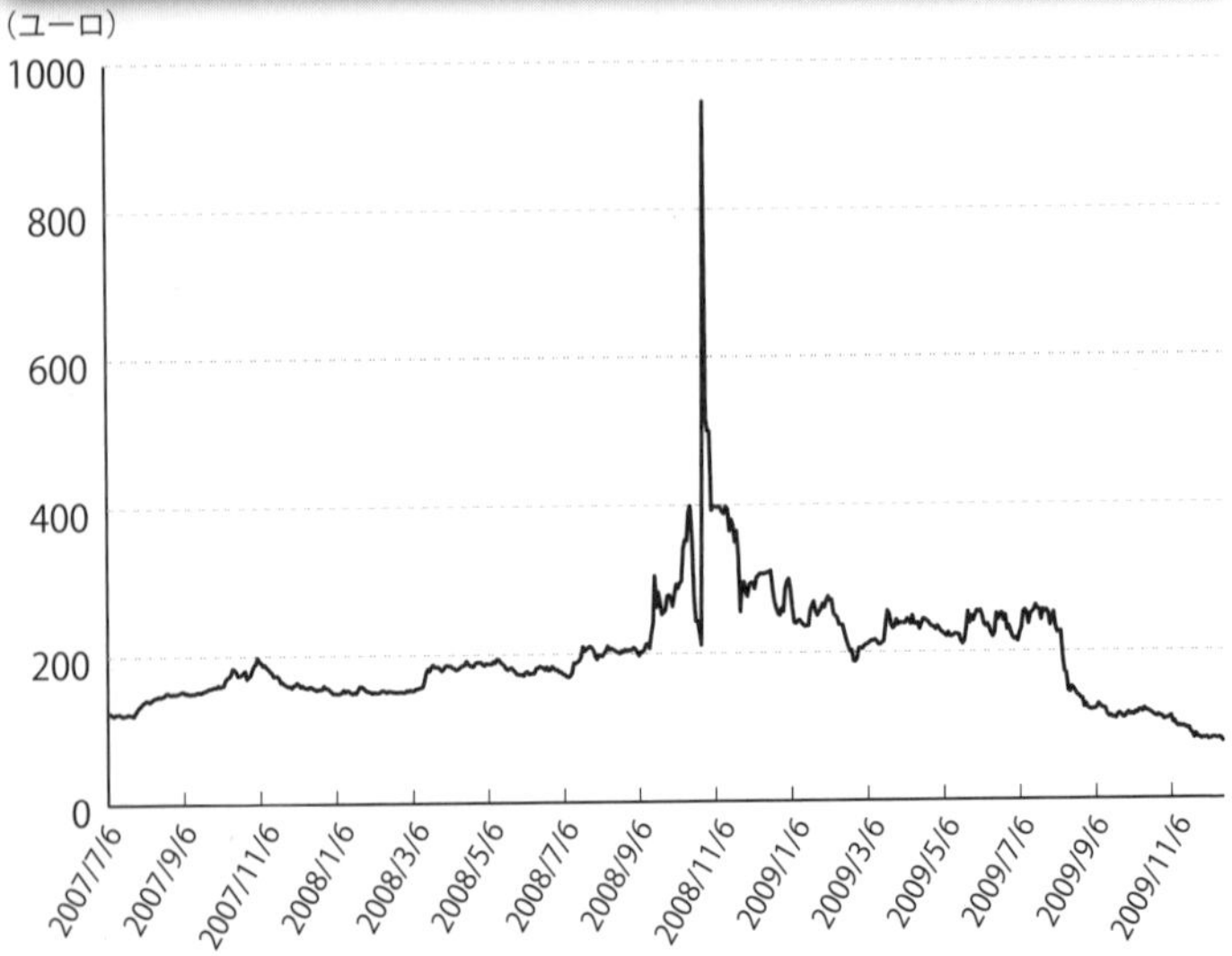

半ばには、フォルクスワーゲン株の35％を保有するに至っていた。このため、市場で取引される浮動株比率は6％に満たなかった。

２００７年夏以降の世界的な景気後退の中で、多くの自動車メーカーは販売台数の減少によって、大規模なリストラを迫られていた。そのため、多くの自動車メーカーの業績見通しは悲観的なものであり、一部の報道によると、10月下旬にはフォルクスワーゲンを調査しているアナリスト39人中、32人が売り推奨を出していた。そうした状況下、多くのヘッジファンド運用者は、フォルクスワーゲンの株価はポルシェとの提携、あるいは経営統合があったとしても急激な業績回復は期待できず、議決権を持たない優先株に比べて割高であると考えていた。このために発行済み株式

図表 4-9 低迷する自動車メーカーの株価

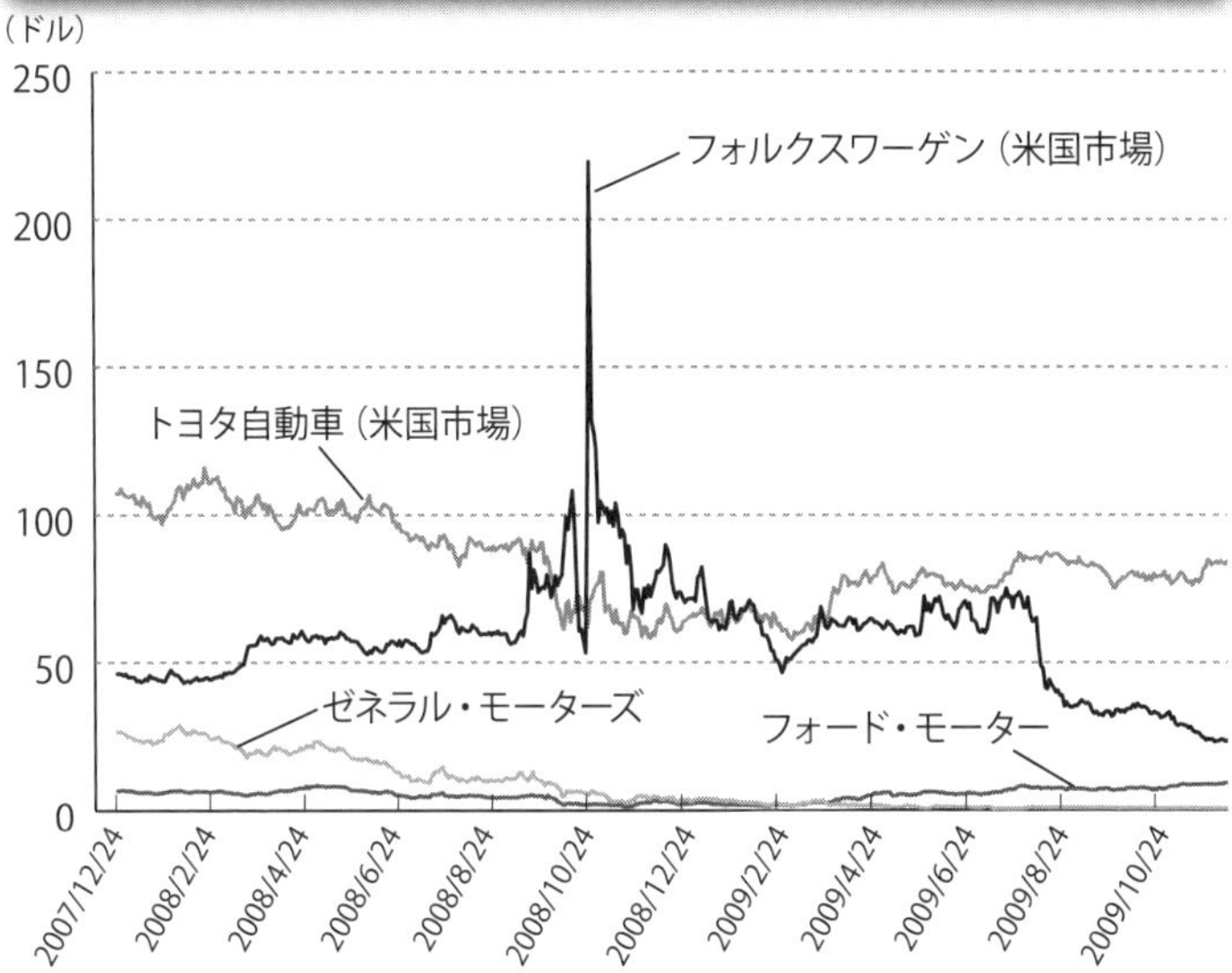

の12%が空売り(ショート)されるという事態になったのだ。

こうした中で、ポルシェは徐々にフォルクスワーゲンに対する持分比率を高めていった。10月上旬には市場外取引によって持分を積み増し、年内に保有比率を50%にまで高めようとしていた。これに驚いたヘッジファンドマネージャーが空売りしていた株式の買い戻しに走った(ショートカバーと呼ばれる)ことにで、株価は上昇し始めた。10月7日の取引時間中には、一時約55%の上昇を記録した。

ただこの株価上昇は、あくまでも、ヘッジファンドの株式買い戻しに基づいたものであり、業績の拡大期待というファンダメンタルズを反映した値動きではない。それに加えて、リーマンブラザーズの破綻もショートポジ

図表 4-10　2008年10月のフォルクスワーゲンの株価パフォーマンス

	日次リターン
2008/10/1	-1.32%
2008/10/2	-4.13%
2008/10/3	5.63%
2008/10/6	5.24%
2008/10/7	-1.83%
2008/10/8	2.53%
2008/10/9	0.89%
2008/10/10	15.20%
2008/10/13	3.23%
2008/10/14	-0.27%
2008/10/15	11.03%
2008/10/16	-1.32%

	日次リターン
2008/10/17	-10.24%
2008/10/20	-22.60%
2008/10/21	-12.39%
2008/10/22	0.10%
2008/10/23	-5.76%
2008/10/24	-7.93%
2008/10/27	146.62%
2008/10/28	81.73%
2008/10/29	-45.29%
2008/10/30	-3.29%
2008/10/31	-0.10%

ションの解消に拍車をかけた。まさに投資家心理の変容によってもたらされた株価上昇であった。その証拠に、グローバルなスケールで自動車セクターの株価を見ると、経営再建に悩んでいた米国のGMやフォード、日本のトヨタ自動車の株価は軒並み低調なパフォーマンスを続けていた（図表4‐9）。そして、この動きを受けてフォルクスワーゲンの時価総額は、一時、トヨタ自動車を上回るまでになった。この後、割高感や証券会社からの格下げ、悲観的な業績見通し、そしてポルシェによる株式取得は50％以上にはならないだろうとの思惑から、フォルクスワーゲンの株価は再び下落基調をたどった。

その後、大きなインパクトを与えることになったのは、２００８年10月26日（日曜日）

にポルシェが発表した内容である。この日、ポルシェは、2009年末にかけてフォルクスワーゲン株の75%を確保する予定であると発表した。これは、10月上旬の株式取得以上のインパクトを市場にもたらし、10月27日の取引では「ポルシェによる株式取得が今後の株価上昇をもたらすのではないか」と慌てふためいたヘッジファンドのポジション解消への殺到により、株価は過去に例を見ないほどの上昇を遂げた。そして、翌28日には、フォルクスワーゲンの株価は一時1005ユーロまで高騰し、エクソンモービルを抜いて時価総額世界1位になったのである。

こうした市場展開は稀ではあるが、ヘッジファンドが、流動性以上のインパクトを市場に与えてしまう格好の例となった。フォルクスワーゲンの浮動株は僅か6%となっており、長期的な株価動向を見てみても、ほぼ200ユーロを前後する水準で取引されていた。つまり、フォルクスワーゲン株式の流動性は相対的に低かった。だがそこに大挙してファンド勢が流入することによって、一時的な株式需給は大きく変化した。これは、池に鯨が入るようなものである。そして、ポルシェによる株式取得がショートカバーを引き起こし、池の中で鯨が暴れるような展開がもたらされたのだ。

そうした懸念が本格化するかもしれない、という一種の心理的要因(強迫観念)が、株価を想像以上に大きく振れさせたと考えられる。これを見ても、時として投資家心理が、株式市場へきわめて大きな影響を与えることがわかる。

4 ケース④「ドバイショック」を認知的不協和で読み解く

２００９年11月25日、アラブ首長国連邦のドバイ首長国政府は、政府系持ち株会社のドバイワールドと、傘下の不動産開発会社ナキールが抱えるすべての債務支払い猶予を債権者に要請すると発表した。その発表に端を発したドバイショックは、世界の金融市場を震撼させることになった。

原油がほとんど採れないドバイは、基本的に、借り入れを行って大型の不動産開発を推進し、不動産バブルを作り出していた。そのバブルによって資金流入を促進し、資産価格をつり上げることによって、高い経済成長を遂げてきた。つまり借り入れによってレバレッジをかけることに依存していたのだ。

しかし、金融危機の発生により不動産バブルが崩壊し、投資家のリスク許容度の後退からドバイでは不動産開発プロジェクトに関わる資金繰りが悪化した。その結果、不動産価格は5割程度下落したといわれている。そうして、資金繰り難からドバイワールドが債務返済に窮する

図表 4-11 ドバイの金融資産総合指数の推移

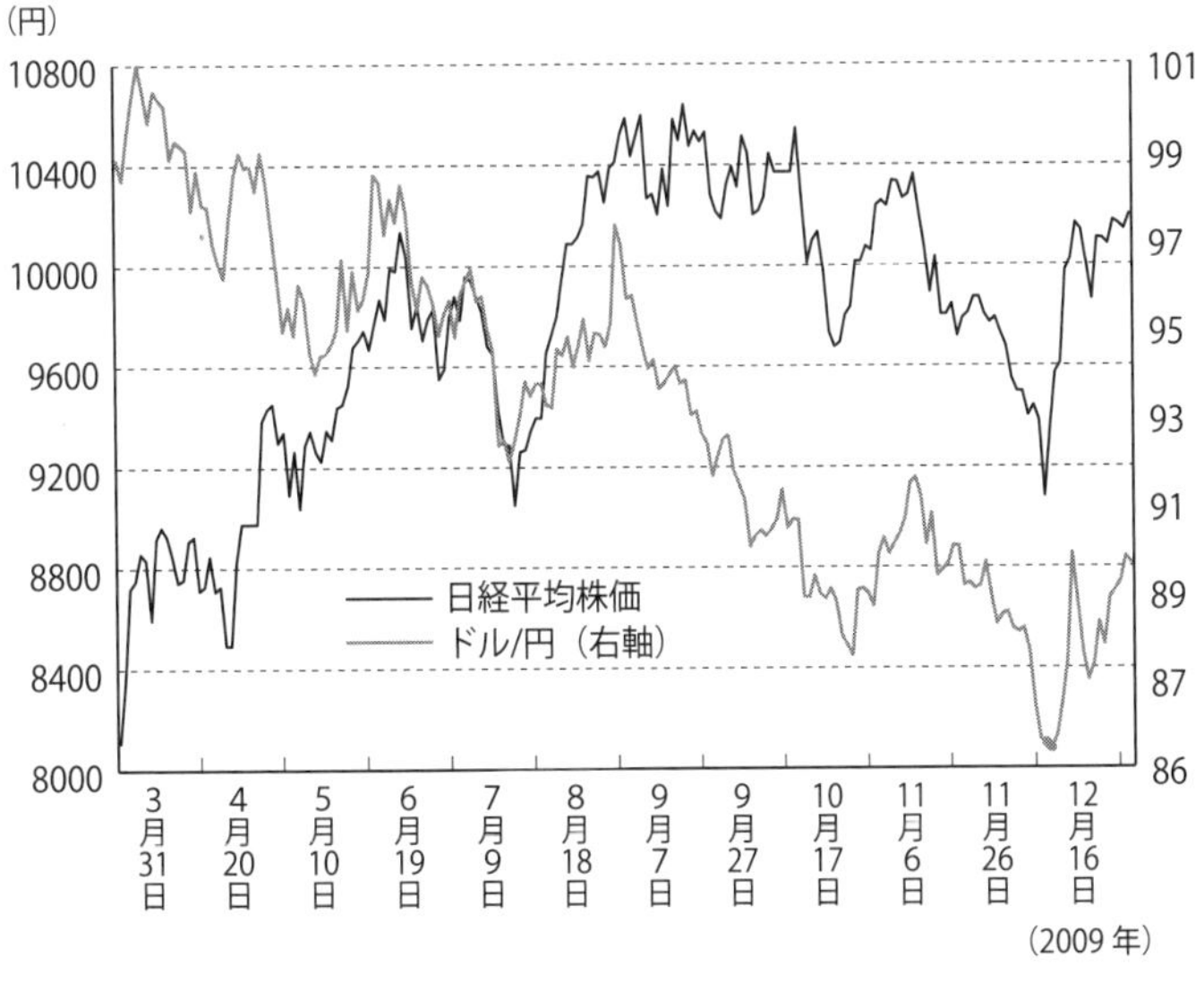

ことになってしまった。このドバイワールドの債務は総額590億ドル(約5兆1000億円)にのぼる巨大なものだった。

この問題は、アイスランド経済の崩壊と並んで、金融立国モデルが長期的に持続しないことを示す一例ともいえる。

このドバイショックも、行動ファイナンス的にアプローチすることが可能だ。まず、認知的不協和による分析で見てみよう。

ドバイショックが発生するまで、多くの投資家は、状況の改善に大きな期待を抱いて、含み損を抱えたままドバイへの投資ポジションを維持していた。これはプロスペクト理論における「損失回避」の行動だ。さらに言えば、一度下した「大丈夫だろう」という判断をひっくり返すことに対する苦痛が、「認知的不協和」を発生させている。

だが、2009年11月25日、ドバイワールドの債務返済の延期が伝えられたことにより、不良債権増加への懸念が高まり投資家は予想外の展開に直面することになった。そのショックにより、多くの投資家は追加的な損失は許容できないという判断を下した。その結果、資産の投売りに動いたと考えられる。それまで、多くの投資家は、「世界経済の回復とともに、中東地域の不動産市況も徐々に上向く」と想定していただろう。そこに、期待を裏切る債務返済の延期というネガティブな情報が飛び込んできた。投資家は期待と反対の展開に慌てふためき、ポジションの解消という苦渋の決断を迫られた。

もう一つ、「ハーディング現象」による分析を紹介しよう。

認知的不協和の影響によって、ネガティブな結果から目をそむけようとした投資家は、一斉に手持ちの関連資産を投売りした。それによって、市場は一気に急落した。そして、この下落を目の当たりにした投資家が、「自分も逃げなければいけない」と周囲と同調する意思決定を下した。これによって市場の下げ幅は、より深いものとなったのである。バブルの発生過程において勢いよく上昇する資産価格を目の当たりにした投資家の多くは、収益拡大のチャンスだと意気込み、いっせいに資金を市場に投入した。このときも「周囲に遅れてはいけない」という心理が、投資家の行動に影響を与えたのだろう。ドバイショックでは、これと全く反対の展開となったのである。

5 ケース⑤ＰＩＩＧＳ問題をハーディング現象で解く

ドバイショックの後も、世界経済の不安要素はくすぶり続けている。特にポルトガル、アイルランド、イタリア、ギリシア、スペインの頭文字をとったＰＩＩＧＳ諸国では、金融危機発生まで、不動産価格が大幅に上昇した。つまり、砂上の楼閣（＝バブル）に酔ったのである。これらの国ではドバイと同じように、資産価格の上昇により経済成長をもたらしてきた。今となっては、こうした成長が持続可能ではないことは、多くの投資家が気づき始めたことである。現在、これらの国では、財政赤字の肥大化が大きな懸念の対象となっている。

欧州の単一通貨（ユーロ）に参加している国では、財政赤字を対ＧＤＰ比３％、政府債務残高を同60％に維持しなければならない。しかしながら、この５か国は恒常的に財政が悪化傾向にあり、特に金融危機後、急激な景気後退による税収の減少や景気刺激策による財政支出が財政の重石となっていた。

こうした中で、ユーロ加盟国最初のショックとなったのがギリシアである。２００９年12月

図表 4-12 PIIGS諸国のCDSスプレッド

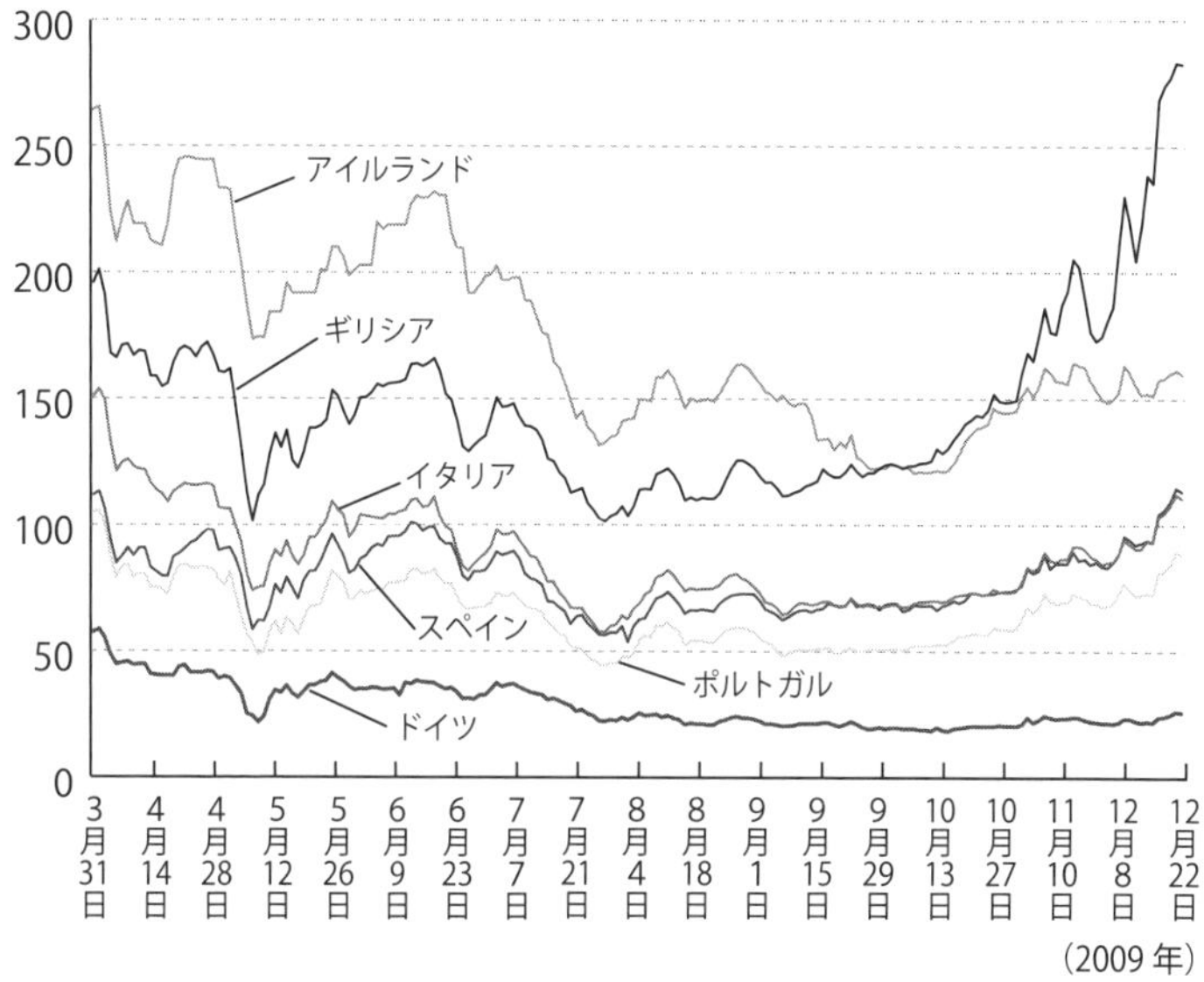

7日、格付け会社のスタンダード&プアーズ（Standard & Poor's）はA-（シングルAマイナス）としているギリシアの格付けを下げる方向で見直すと発表し、翌8日にはフィチャー・レーティングス（Fitch Ratings）が、ギリシア長期国債をA-からBBB+（トリプルBプラス）に引き下げ、格付け見通しをネガティブ（弱含み）として、将来的な追加的格下げの可能性を示した。この背景にあったのは、ギリシアの財政管理の問題である。

当初ギリシアは、財政健全化を2010年に完了させるとしていた。しかし、前政権下での財政管理で財政赤字を過小に報告していたことなどが影響して、この目標は大幅に遅れる見通しとなっている。足元で政府債務残高は、09年で対ＧＤＰ比１１３％程度になると見込まれ、財政赤字も対ＧＤＰ比13％程度になると見込まれている。

ギリシアのほかに格下げ見通しとなった国には、ポルトガルも含まれている。欧州のイギリス、ドイツ、フランスを除いた、周辺国といわれる国々の中でＰＩＩＧＳ諸国に対する悲観的見方は強い。これは国債利回りにも表れている。ＰＩＩＧＳの国債の価格は下落し、利回りには軒並み上昇圧力がかかっている。

財政の問題は、日本でも懸念されているところである。しかしどこの国でも、一般的に国民感情と政権維持の観点から財政に関するドラスティックな改革を行うことには抵抗感は大きい。特に景気低迷期になると、多くの国民は景気刺激策を求める。たとえば、インフラ整備などの名目のもとで、道路整備が行われるといったことが典型例だ。好況局面でも財政健全化は容易ではない。財政健全化のためには支出を抑え、収入を増やすしかない。つまり、公共経済学で説かれている、財政政策を通した富の再分配や公共福祉などの支出面が削減される一方で、法人税、所得税、消費税（諸外国では付加価値税（Value Added Tax、VAT）と呼ばれることもある）などの税率が引き上げられ、国民生活にとっての負担が懸念されるからだ。

こうなると、与党としては、政権維持の名のもとに財政再建をためらってしまうケースが多い。まさに現状維持バイアスが発生してしまうのである。

この場合の認知的不協和は国民にとってのものと、政権にとってのものの二通りに分けられる。国民にとってみれば、税率の引き上げという、生活を束縛する要因が台頭することに対して大きな警戒感を抱く。政権にとってみれば、与党から野党への転落の可能性という問題が不協和をもたらす。そして、政権はあくまでも、与党でいようとするインセンティブを有するために、財政再建を先送りして現状を維持しようとする。そして、これによって国民の認知的不協和を解決して政権を維持させようとするのだ。

欧州において、ＰＩＩＧＳの財政問題は、単一通貨ユーロの持続可能性を試す問題となりつつあり、今後ますます深刻化する可能性が高い。すでにスペインなどの財政赤字の問題は、市場関係者の間で議論の的となっていた。

さらにその範囲が拡大して、ＳＴＵＰＩＤ（スペイン、トルコ、英国、ポルトガル、イタリア、ドバイ）という造語まである。

ＩＴバブル後の米国の住宅バブルによる世界的な好況の中では、いつしか財政問題は解決可能という楽観的な見方が優勢になっていた。そこで、スペイン国債等の高利回りが、多くの投資家の投資対象として注目を集めることになっていたのである。特に、日本など低金利が続いている国では、個人投資家を中心とする多くの投資家が、少しでも高い利回りを求めて外国債券への投資を積極的に行っていた。こうして、ＰＩＩＧＳ諸国の債券も利回り格差（スプレッド）が厚いという考え方のもとで魅力的な投資対象として映っていたと考えられる。

ここにも一種のハーディング現象の影響が表れている。２０００年台初頭、欧州景気の弱さからユーロの先行きはおろか、周辺国の財政問題を不安視する声が多かった。しかし、世界的な好況が訪れると、多くの投資家は徐々に周囲の声色が警戒色を弱めていくことに影響されて、金利水準の高い国への投資を行っていったのである。そしてそのとき、自分自身の目で、財政内容がどうなっているかを調べ、その上で投資しても大丈夫だとの判断を導き出してから投資を行った投資家はほとんどいなかっただろう。

ドバイショック、ＰＩＩＧＳを巡る財政不安など、「なぜあんなことをしてしまったのか」と後悔の念にさいなまれるケースは、今後も起きることだろう。その意味では、周囲が強気のときほど、その常識を疑う必要があるのかもしれない。

3

デフレは止められるのか？
——政策実行のツールとしての行動経済学

1　経済政策と人間心理

これまで、市場と投資家の心理の関係に基づいて、投資家が何を頼って意思決定を行っているのかを考察してきた。政府が決める経済政策に関しては、投資家だけではなく、国民自身の心理がその実効性に大きな影響を与えている。

２００９年11月20日の月例経済報告で政府は、日本経済がデフレに陥っているとの見方を示した。デフレとは、モノの価格が下がり、貨幣価値が上昇する経済現象を指す。そして、この背景には、需要が低迷しているという現実がある（需給ギャップが発生している）。時に、原油価格の大幅な上昇に伴うエネルギー価格の上昇によって、突発的にＣＰＩ（消費者物価指数）が上振れする場合もあるが、中長期的には需給関係が物価水準を左右する。

20世紀を代表する経済学者であったアーヴィング・フィッシャーは、デフレ環境下においては過剰債務が企業や家計の購買意欲を抑圧することを示唆する、「デット・デフレ」という用語を提唱した。デフレの状況下では、負債コストの増大が経済活動を抑圧することになるからだ。

日本のデフレ状況は、海外投資家の目に、日本株式の投資妙味の低下として映ることだろう。

人口減少、少子高齢化と、日本経済に投資する魅力はすでに低いはずだ。それは、日本株に関するマイナスの「アンカーリング」として作用するはずだ。また、日本株式を保有している投資家にとっては、「認知的不協和」を生み出すことも考えられる。儲かると思って投資した日本株式のパフォーマンスが悪いことは、「判断を間違えた」という心理的な圧迫になることが考えられるからだ。

この問題は、日本経済の成長にとって厳しい現実であることは間違いない。少子高齢化で国内の需要や労働力が先細っていく中、わが国にとって、いかにして海外からの投資を誘致していくかは重要な問題だ。

国内要因に目を向けてみよう。日本経済は1990年代後半から、失われた10年と称された景気低迷を経験し、資産バブルの後遺症としてのデフレに苦しんだ。金融機関は不良債権処理に苦心し、企業もリストラを断行せざるを得なかった。金融市場は、不良債権への不安から低迷し、債券市場も日銀のゼロ金利政策の下で利回りが極端に低い環境が続いた。こうした中で消費者は、賃金の低下と資産価値の低迷によって消費を切り詰めざるを得なかった。

デフレ環境の中で企業は、低価格の商品を開発して、薄利多売の競争を行わざるを得なくなるケースが多い。金融危機後の日本でも、小売大手などが独自に開発したプライベート・ブランド(PB)商品が消費者の注目を集めている。低価格商品の登場と消費者心理の悪化が融合することによって、社会心理としても価格の低いものを選好する可能性が高まる。

このとき考えられる心理的な要因として、「先入観」による効果が考えられる。消費者は、「デフレ環境下では、商品の低価格化が定常化する」という考え方を持つ。また、企業サイドも、業界他社の低価格販売路線を目の当たりにし、「低価格の商品は売れる」といった先入観を抱く傾向が高まる。そして過去長い間、デフレが潜在的に影響してきた日本経済にとってはこうした心理バイアスの与える影響は大きい。

こうした状況下では、量的緩和などデフレ脱却を目指す政策が、マクロ経済に与える効果は限定的になってしまう可能性は高い。たとえば、日銀が2009年12月1日に打ち出した追加的緩和政策（日銀の表現を用いれば「広い意味での量的緩和」）に対しても、事業会社からの資金ニーズはそれほど強いわけではなく、追加的政策による効果は限定的という見方が多い。そうした環境下では、政策効果が限定されるのは当然の結果といえるだろう。

このようにして、経済政策を行う上で、消費者や市場関係者の心理状況によっては、政策が当初想定された効果を上げることができるか否か、不確実性が伴う。この不確実性を軽減していくためには、政府をはじめとする政策立案主体が、よりきめ細かな市場とのコミュニケーションを取っていくことが望まれるだろう。

2 行動経済学で日米の経済政策を比較する

①日本の経済政策を冷静に見る

昨今、政府のリーダーシップの不在が大きく取り沙汰されている。つまり、多くの国民は政府に対して少なからぬ不安を抱いており、市場参加者の中には、日本の景気動向に弱気な者も多い。なぜなのだろうか。

わが国では、少子高齢化により20代、30代を中心とした若年層に対する国民負担の重さが今後の長期的な経済成長を考える上で大きな問題となっている。特に、年金、医療、介護といった分野への支出は、若年層の心理にとって大きな重石となっており、財政赤字の肥大化懸念も高まっている。これらは将来への予備的動機（将来の予想しない展開、不安に備えて、予め資金を蓄えておこうとする心理）を高める要因になっており、消費意欲を低下させる要因になっていると考えられる。そして、企業の設備投資を抑制する動きも重なって、２００９年の11月には、２００1年3月以来のデフレに突入している。

ここで、２００7年夏以降のサブプライム問題発生当時を振り返ると、日本の金融機関は海外諸国と比較して相対的に財務内容が健全であるとされ、サブプライム関連の損失も米国のシティグループなどに比べれば軽微であった。そのため、多くの市場参加者の中には、日本について欧米諸国よりも堅調な経済動向を描く者も少なくはなかった。

たしかに金融危機の後、多くの企業が、外需の落ち込みや急激な円高の影響を受けて業績が低下したことはネガティブなインパクトだっただろう。そして、企業のリストラ策や低価格商品の登場も消費を抑制する、あるいは高額商品への支出を控える動機を生み出したかもしれない。

しかし、先行きについて、発足間もない政権に対して大きな不安を感じるほどに悲観的になってしまうとは多くが思わなかったのではないだろうか。２００9年末に出された成長戦略に目を通しても、明るい気分になる人は少ないだろう。こうしたことから、多くの市場参加者は、日本の経済に対して欧米の景気回復よりも弱気なシナリオを描いているようだ。その背景には、企業や家計の心理を把握してこなかった政策運営の問題点が隠れている。

金融危機の発生後、政府はエコポイントをはじめとする景気刺激策を導入した。こうした政策は、短期的には消費者の購買意欲を高め企業の業績を回復させ得る。しかし、より長期、かつ持続性の点から考えると、いかにして国家経済の成長を支えていくかという視点、つまり家計や企業の悲観的な心理を緩和させ安定的な消費・購買活動を生み出すという考えが見事に抜け落ちていた。経済の発展は企業の設備投資や研究開発の進展に大きく左右されるという指摘がある。それがうまく回りだせば、企業の活動水準は高まり、雇用も増加して行くと期待できる。この点で、わが国の政策運営は、特に危機の局面において、「局所的な短期志向」すなわち場あたり的なものとなってしまい、長期的な成長の道程を示さずに来てしまったといえる。そして、そこにはこれからの日本経済を背負っていく若年層の将来に対する「安心感」を醸成するという視点が欠けてしまっている。

政権交代後、事業仕分けを中心に支出をいかにして削減するかという議論がなされたが、肝心なのは長期的な視点に立って、日本という国を将来どういう国にするか、というビジョンだ。この視点は、若年層の経済活動を活発化させる上でも大切になる。日本の政策運営には長期的な観点から、どのように長期的な成長を描いていくのかというポイントが欠落している。こうした政策運営は、景気後退期に消費活動が低迷してしまう中、局所的な対応による短期的な消費活性化しか喚起できないのである。

②米国の経済政策はどうか

一方で、金融危機後の米国の政策運営は日本に比べると、短期的にはうまく人々の心理を把握していたと言えるかもしれない。リーマン・ショック後、アフリカ系アメリカ人として初めてのオバマ大統領が誕生し、多くの国民に期待と希望を与えた。それは、オバマが演説で用いた“Yes we can !”というフレーズにも表れている。

就任後オバマ大統領は、「グリーンニューディール」と名付けた経済の活性化を目指す政策を打ち出した。これは、世界恐慌からの復興に向けてフランクリン・ルーズベルト大統領が1930年代に打ち出したニューディィール政策を彷彿させるものであり、金融危機からの脱却と長期的かつ持続的な米国経済の成長を多くの国民心理に植え付けることになったのだろう。こうした国民意識は、当初、オバマ政権への支持率の高さとなって現れた。

グリーンニューディールは多くの米国国民にとってバブル崩壊以前までの考えとは大きく異なる発想をもたらした。エコロジーという環境に配慮する視点を新たに政策に持ち込んだことで、「そういうやり方もあるのか」という新鮮さや期待を国民心理に植え付けることができたのである。この点で、オバマの政策運営は心理を巧みに把握し、長期的な回復への期待を抱かせることができるという点で日本の政策当局よりも高い手腕を示している。その他にも、初回住宅購入者への支援策や自動車販売支援策などのオバマ政権の姿勢は消費者のみならず市場関係者にも好印象を与えた。

しかしその一方で、米国経済はまだ多くの課題を抱えている。労働市場では失業率が未だに9・7%(2010年2月現在)となっており、急速な回復への期待は低いのが実情だ。この背景には二つの要因がある。まず一点目は、バブル崩壊の傷跡が思った以上に深かったことだ。特に金融機関はバブルで膨れ上がったバランスシートの処理を金融危機後に行うことになり、シティグループやAIGなどの大手金融機関の救済をはじめ多くの資金が必要になった。地方の金融機関も未だにぜい弱な経営内容のものが多い。米国の金融機関は1990年代後半から の10年の間にITバブル、住宅バブル、そして2007年夏場のコモディティーバブルと三つのバブルを立て続けに経験したこともあり、バランスシートの調整には時間がかかるし、傷も深い。同時に企業もリストラを断行して利益を捻出せざるを得ず、労働市場の回復にも長い時間を要すると考えられている。結果として、米国の成長エンジンであった個人消費は大きく落ち込んでしまったのだ。

二点目は2009年半ばごろから、オバマ政権に対する支持率が徐々に低下し始めている点だ。背景にある要因の一つに、アフガニスタン、およびイラクでの対テロ戦争の長期化がある。ブッシュ前政権の思惑に反してイラク戦争が泥沼に突入したことを受けて、どのようにアフガニスタンやイラクから米軍が完全撤退するのか、多くの米国国民が懐疑的になり始めたことの表れであろう。

米国、特にオバマ政権の政策運営はバブル崩壊の後遺症から脱却し、環境をテーマとする新しい成長へのメッセージを込めることで、多くの経済主体に長期的な景気回復のシナリオを抱かせるものであった。行動経済学の観点から分析すれば国民心理を巧みに把握して政策を立案し、悲観に沈む各経済主体の心理内容を改善させることができた。政策は、人間の心理と周辺の経済環境に対して適合して初めてその効果を発揮するのである。

③政策運営に対する行動経済学的考察

今回の危機に際して、日本のケースでは、当初の経済状況は相対的には堅調であったものの、長期的経済成長を望む国民心理に対して、政権が短期的な需要回復を狙った政策を打ち出したために政策効果がはげ落ち、そこにリーダーシップの不在や支出と歳入に対するバランス感覚が欠如した状態での財政再建への不安が台頭し、経済見通しをより弱気なものとしている。

一方、米国は金融危機の震源地でありながらも巧みに心理を把握して政策メッセージを伝えることによって国民心理を高揚させ、環境というテーマを掲げた長期的な回復路線を示すことに成功したといえるだろう。ただ一点、実体経済の弱さが足かせとなっている。

この点で、行動経済学の見地からは二点の指摘が可能だ。一点目、政策当局は人々を安心させるために、「長期的な経済成長のロードマップ」を示す必要がある。長期的成長が可能になって初めて、国民生活水準の向上が可能になる。

二点目はその時々の経済環境の把握である。失業率や物価水準など定量的な観測は無論のこと、市場参加者、消費者、一般企業の投資意欲や購買意欲といった「国民の心理状況」が悲観的なのか否か、そしてその問題は何なのかということを綿密に把握していかなくてはならない。この点は、行動ファイナンス、そして伝統的な経済理論とも密接に関連する。つまり、政策運営においては各経済主体、すなわち国民一人ひとりが何を欲しているのかを探る必要がある。まさに景気は「気」である。この気を長期的に引き上げ、経済成長を実現させていくためには、メッセージとしての政策発信と最適な政策手段の立案(投資促進なのか、法人税引き下げなのかなど)を多面的に考えていく必要がある。不況下の公共事業頼みという発想は、もはや見直すべきだろう。

3 景気は「気」から

英語では、景気を'Business Cycle'と表現している。事業環境がよいときもあれば、悪いときもあり、その時々で環境が循環するという発想だ。これを日本では「気」、すなわち人間の心理になぞらえて表わしている。

デフレ環境からの脱却は、消費者がより高価格でも商品を欲するようになれば、意外と容易に解決できる問題かもしれない。消費者心理の改善によって、消費性向が高まれば需要の伸びが期待でき、需給ギャップは解消に向かうはずだ。とはいうものの、一度凍りついた消費者の心理を解きほぐすことは、口で言うほど容易ではない。企業のリストラ圧力や輸出産業の収益力低下、資産価格の低下など、家計を圧迫する要因には事欠かないからだ。

まさに景気循環、そして経済成長の根底には私たちの心理が大きく影響しているのだ。オリバー・ストーン監督の映画「ウォール街（"Wall Street"）」の一節に、投資銀行経営者であるゴードン・ゲッコーが「欲望はよいことだ」と発言する場面がある。これは、1980年台のウォール街で一世を風靡した投資家であった、アイヴァン・ボウスキーの発言をもとにしたものとされている。

私たちが、自分自身の能力に頼って、将来を主観的に的中させることは難しい。しかし、市場に携わるほぼすべての人間が、何らかの形で将来を予測し、収益につなげようとしている。その背景には富への欲望がある。いわゆる「アニマルスピリッツ」だ。資本主義の根底にあるものはこの欲望であり、その心理がリスクを引き受けることを可能にしている。これからも、そうしたアニマルスピリッツは、必要不可欠な要素なのである。

金融危機が過ぎ去った今後の市場でも、欲望の高まりによってバブルは再び発生するだろう。おそらく人間心理に欲望がある限り、バブルの発生を止めることはできない。これが景気循環であり、人間心理が生み出す景「気」と考えるべきだ。

人間心理の根底にある欲望のバブルをうまく利用すれば、自らの資産価値を増やすことも可能だろう。そのとき、人間心理をベースにした行動ファイナンスそして行動経済学が果たすべき役割は、かつてないほど大きい存在意義を持つことになるのだ。

あとがき

本書を読み終わって、読者のみなさんは、伝統的経済学から行動経済学、さらには神経経済学等の新しい分野への潮流が、何となくわかったのではないだろうか。それに加えて、行動経済学や、行動ファイナンス理論に対する認識が新たになったのではなかろうか。この二つが本書の目的なので、それが現実になっていることを期待する。

2007年に表面化した米国のサブプライム問題、それに続くリーマン・ショックは、経済学やファイナンス理論に対して大きな衝撃を与える出来事だった。1990年代後半の〝ITバブル〟、2003年からの〝不動産バブル〟、そして2005年から2008年7月までの〝コモディティー（商品）バブル〟は、いずれも、その発生の経緯やその後の経済状況の変化から見て、伝統的な経済やファイナンス理論の限界を示唆しているとも考えられる。これら「3つのバブル」が続いていた時期、米国を中心とした金融資本主義の台頭によって、大手投資銀行がレバレッジをきかせて多額の収益を手にした。そうした金融資本主義の成功は、他の諸国へと伝播し、金融立国を目指す動きが一段と鮮明化した。

しかし、そうした動きは長続きしなかった。バブルの崩壊によって、借入れによるレバレッジ手法が逆回転し始め、大手投資銀行のいくつかは破綻に追い込まれた。そして、金融資本主義の流れが見直されることになった。そこで重要な役割を担っていたのが、伝統的な金融工学の考え方だった。当時、金融工学の手法でリスク管理を行うことでリスクを限定し、収益額を積み上げることに成功できると誰もが考えていたからだ。それが、単なるバブルの宴だったことに気づいた時には、金融工学というツールの使い方に問題があったことが明確になった。

本書で見てきた通り、金融工学は人間の合理性を前提にしているので、人間の非合理性に対処することが難しい。そのため、短期間の金融市場の急上昇、すなわちバブルの発生に対しては、その効力が限定されることを忘れていたのだ。つまり、金融工学の方法論は、本来、人間が合理性を回復することができる時間軸で考える必要があるはずなのだが、相対的に単純な工学的手法で、短期的なリスク管理もできると勘違いしていたところに問題があったといえる。

行動系の理論は、人間の合理性が働きにくい比較的短期間の経済の動向や、金融市場の動きを解析することには適性度は高い。もし、今回のバブルの時期に、行動ファイナンス理論によるリスク管理手法の精緻化が進んでいたら、もう少し違った展開があったかもしれない。現在、行動ファイナンスの方法論を使って、投資の収益率の向上を図ったり、あるいは、株式投資などのリスクリターンの関係についての研究が進んでいる。今後、本格的な行動ファイナンス理論を応用したリスク管理の手法が開発されるかもしれない。

また、米国のFP教育の中で、どのように行動ファイナンス理論を応用して、顧客とのコミュニケーションを図るかが主要テーマになっている。それと同時に、個人投資家が、プロのセールスマンから受ける勧誘を、行動ファイナンスの考え方を使って、上手くやり過ごす手法まで考案されているという。

このとおり、行動経済学、あるいは行動ファイナンス理論は、今後、多岐にわたるる可能性を秘めた分野ということもできるだろう。ただ残念なことに、わが国における行動系の理論の研究はようやく始まったばかりである。

私たちアカデミズムに携わるものは、今後さらに研究の質を向上させることはもちろん、一般の人が読んでわかりやすい書物を世に送ることも必要だろう。研究者が象牙の塔にこもって、難しい理論をこねくり回しているだけでは、社会の要請に十分に応えたことにはならない。私はこれまで、行動経済学、行動ファイナンス理論について、機会があるごとに執筆し、発表を行ってきた。今回、すべてを網羅し、体系だった入門書を執筆するにあたり、過去に断片的に発表してきたものの一部を、現在からの視点を盛り込んで再構成することができた。これまでの一般の人にわかりやすく伝えるという活動に再び光を当てられたことは、望外の喜びである。

これからも、社会一般の人にわかりやすく、役に立つ活動を続けていきたい。

近代科学とは、原因と結果をわかりやすい理論で結びつけることといえるかもしれない。それができれば、次に何か起きたとき、それぞれの人が、どのように対処できるかのヒントを提供できるはずだ。それが、アカデミズムの一つの役割であるべきだろう。

Peter Diamond, Hannu Vartiaine (2007), 『Behavioral Economics and Its Applications』 Princeton University Press

Malcolm S. Salter (2008), 『Innovation Corrupted: The Origins and Legacy of Enron's Collapse』 Harvard University Press

Adam M. Brandenburger, Barry J. Nalebuff (1997) "Co-Opetition" Broadway Business (嶋津 祐一、東田 啓作 訳(2003)「ゲーム理論で勝つ経営 競争と協調のコーペティション戦略」、日経ビジネス人文庫)

NHK取材班 (編集) (2009) 「NHKスペシャル マネー資本主義—暴走から崩壊への真相」、日本放送出版協会

Peter L. Bernstein (1992) "Capital Ideas: The Improbable Origins of Modern Wall Street" The Free Press (青山 譲 、山口 勝業 翻訳 (2006)「証券投資の思想革命—ウォール街を変えたノーベル賞経済学者たち【普及版】」、東洋経済新報社)

Peter L. Bernstein (2007), "Capital Ideas Evolving" John Wiley&Sons, Ltd (山口 勝業 訳(2009)「アルファを求める男たち——金融理論を投資戦略に進化させた17人の物語」、東洋経済新報社)

森 真、藤田 岳彦(2008)「確率・統計入門 第2版—数理ファイナンスへの適用」、講談社

John B. Caouette, Edward I. Altman, Paul Narayanan, Robert Nimmo(2008) "Managing Credit Risk: The Great Challenge for Global Financial Markets" John Wiley&Sons, Ltd

William Curt Hunter, George G. Kaufman, Michael Pomerleano (2003), "Asset Price Bubbles: The Implications for Monetary, Regulatory, and International Policies" The MIT Press

楠岡 成雄(2007)「確率と確率過程」、岩波書店

Martin Wolf (2008), "Fixing Global Finance" Johns Hopkins University Press

George A. Akerlof, Robert J. Shiller (2009) , "Animal Spirits: How Human Psychology Drives the Economy, and Why It Matters for Global Capitalism" Princeton University Press (山形 浩生 訳(2009)「アニマルスピリット」、東洋経済新報社)

George Soros (2008), "The New Paradigm for Financial Markets: The Credit Crisis of 2008 and What It Means" PublicAffairs

野口 悠紀雄、藤井 真理子(2000)「金融工学—ポートフォリオ選択と派生資産の経済分析」、ダイヤモンド社

Glenn Shafer, Vladimir Vovk (2001), "Probability and Finance: It's Only a Game!" John Wiley&Sons, Ltd (竹内 啓 、公文 雅之 訳(2006) 「ゲームとしての確率とファイナンス」、岩波書店)

東京大学教養学部統計学教室 (編集) (1994) 「人文・社会科学の統計学」、東京大学出版会

青山 秀明、家富 洋、池田 裕一、相馬 亘、藤原 義久(2008)「経済物理学」、共立出版

参考文献

James Montier(2002), 〝Behavioural Finance: Insights into Irrational Minds and Markets〟, John Wiley&Sons, Ltd, （真壁昭夫 監訳(2005)「行動ファイナンスの実践 投資家心理が動かす金融市場を読む」、ダイヤモンド社）

真壁昭夫(2003)「最強のファイナンス理論—心理学が解くマーケットの謎」、講談社

真壁昭夫(2005)「はじめての金融工学」、講談社

Joachim Goldberg, Rüdiger von Nitzsch (1999), 〝Behavioral Finance〟FinanzBuch Verlag GmbH （真壁昭夫 監訳(2002)「行動ファイナンス—市場の非合理性を解き明かす新しい金融理論」、ダイヤモンド社）

Paul W. Glimcher (2003), 〝Decisions, Uncertainty, and the Brain: The Science of Neuroeconomics〟 The MIT Press(宮下 英三 訳(2008)「神経経済学入門—不確実な状況で脳はどう意思決定するのか」、生産性出版)

伊東 光晴 編(2004)「岩波現代経済学事典」、岩波書店

Elkhonon Goldberg(2001), 〝The Executive Brain: Frontal Lobes and the Civilized Mind〟 Oxford University Press （沼尻 由起子 訳(2007)「脳を支配する前頭葉—人間らしさをもたらす脳の中枢」、講談社）

Richard H. Thaler , Cass R. Sunstein(2008), 〝Nudge: Improving Decisions About Health, Wealth, and Happiness〟 Yale University Press (遠藤 真美 訳(2009)「実践 行動経済学 健康、富、幸福への聡明な選択」、日経BP社)

John Von Neumann, Oskar Morgenstern(2007), 〝Theory of Games and Economic Behavior (Princeton Classic Editions)〟 Princeton University Press

George Loewenstein(2007), 〝Exotic Preferences: Behavioral Economics and Human Motivation〟, Oxford University Press

多田 洋介(2003)「行動経済学入門」、日本経済新聞社

MATTEO MOTTERLINI(2008)〝TRAPPOLE MENTALICOME DIFENDERSI DALLE PROPRIE ILLUSIONI E DAGLI INGANNI ALTRUI〟, RCS Libri S. p. A., Milano (泉 典子 訳(2009)「世界は感情で動く——行動経済学からみる脳のトラップ」、紀伊國屋書店)

MATTEO MOTTERLINI(2006)〝ECONOMIA EMOTIVA Che cosa si nasconde dietro i nostri conti quotidiani〟, RCS Libri S. p. A., Milano (泉 典子 訳(2009)「経済は感情で動く—— はじめての行動経済学」、紀伊國屋書店)

ま行

ら行

わ行

た行

な行

は行

さ行

索　引

欧文

あ行

か行

行動経済学　用語索引

［著者］
真壁昭夫（まかべ・あきお）
1953年神奈川県生まれ。76年一橋大学商学部卒業。ロンドン大学経営学部大学院（修士）卒業。76年、第一勧業銀行に入行し、メリルリンチ社ニューヨーク本社出向、みずほ総研主席研究員などを経て、現在は信州大学経済学部教授。慶応大学理工学部と立教大学経済学部の講師も兼任。07年から「行動経済学会」常任理事。
主な著書に、『最強のファイナンス理論　心理学が解くマーケットの謎』、『はじめての金融工学』（ともに講談社現代新書）、『実践！行動ファイナンス入門』（アスキー新書）など多数。
また、『行動ファイナンス　市場の非合理性を解き明かす新しい金融理論』（ダイヤモンド社）、『行動ファイナンスの実践　投資家心理が動かす金融市場を読む』では監訳を務めている。

基礎から応用までまるわかり
行動経済学入門

2010年4月15日　第1刷発行
2021年1月7日　第8刷発行

著　者――真壁昭夫
発行所――ダイヤモンド社
〒150-8409　東京都渋谷区神宮前6-12-17
https://www.diamond.co.jp/
電話／03·5778·7233（編集）　03·5778·7240（販売）
装丁――鈴木大輔（ソウルデザイン）
本文デザイン、DTP――荒川典久
校正――豊住紘一
製作進行――ダイヤモンド・グラフィック社
印刷――堀内印刷所（本文）・加藤文明社（カバー）
製本――本間製本
編集担当――廣畑達也

ISBN 978-4-478-01166-9

◆ダイヤモンド社の本◆

まぐれ

投資家はなぜ、運を実力と勘違いするのか

ナシーム・ニコラス・タレブ［著］

望月衛［訳］

不確実性科学の大学教授にしてトレーダーの鬼才が、金融市場と日常で「偶然」が果たしている役割と人間心理の不思議な関係を解明する。

●四六判上製●定価（本体2000円＋税）

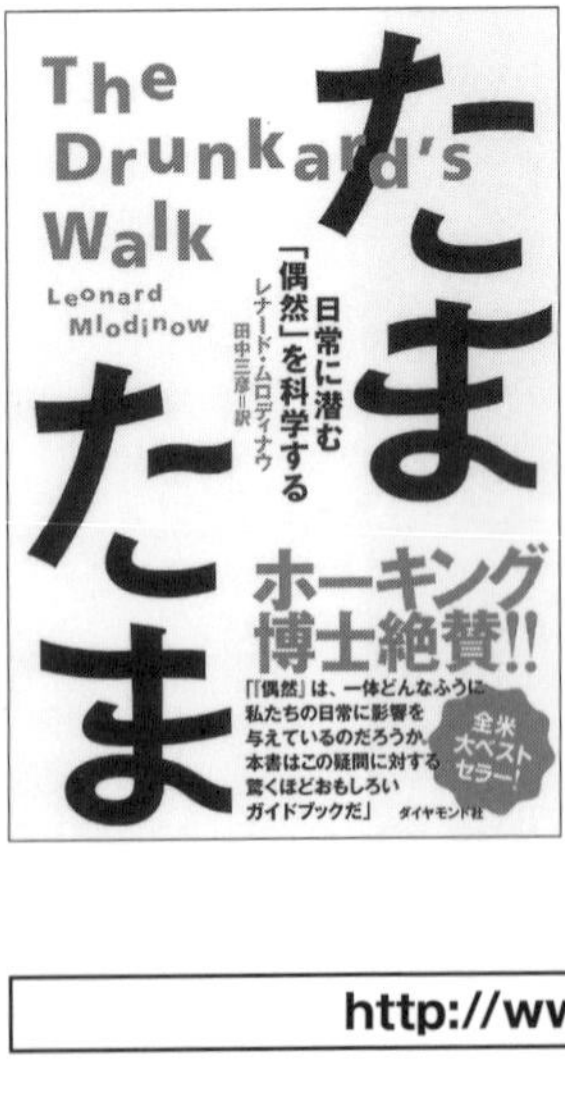

たまたま

日常に潜む「偶然」を科学する

レナード・ムロディナウ［著］

田中三彦［訳］

日常に潜む不確かさの原理「ドランカーズ・ウォーク」。多彩な経歴を持つ物理学者が、その正体を説き明かす。

●四六判上製●定価（本体2000円＋税）

http://www.diamond.co.jp/